II
Principe
군주론

Il Principe

Niccolò Machiaxelli

군주론

니콜로 마키아벨리 지음 | 정영하 옮김

산수야

Il Principe
군주론

초판 발행 2020년 4월 20일

지은이   니콜로 마키아벨리
옮긴이   정영하
발행인   권윤삼
발행처   도서출판 산수야

등록번호   제1-1515호
주소   서울시 마포구 월드컵로 165-4
전화   02-332-9655
팩스   02-335-0674

값은 뒤표지에 있습니다. 잘못된 책은 바꾸어 드립니다.
ISBN 978-89-8097-446-7 03340

이 도서의 국립중앙도서관 출판시도서목록(CIP)은 e-CIP 홈페이지
(http://www.nl.go.kr/cip.php)에서 이용하실 수 있습니다.
(CIP 제어번호 : CIP2018037955)

신분이 낮은 사람이 감히 군주의 통치를 논하고,
지침을 제시하는 것이 신분을 망각한 소행으로
여겨지지 않기를 희망합니다.
풍경화를 그리려는 사람이 산과 고지의 모습을 관찰하려면
골짜기와 같은 평지로 내려가야 하고,
낮은 곳을 관찰하려면 산 위로 올라가야 하는 것과 같이
국민의 성향을 파악하기 위해서는 군주의 입장에 서 보아야 되고,
군주의 성격을 이해하기 위해서는
국민의 입장에 서 보아야 하는 것이기 때문입니다.

– 니콜로 마키아벨리 –

차례

우리 사회는 깨끗하고 유능하며 강력한 리더십을 가진 지도자가 나타나기를 열망하고 있다. 특히 부정부패의 연결고리가 끊이지 않고 있는 이 시점에서는 더욱 그러하다. 갈등과 분열이 만연하고 이기주의와 탐욕이 넘쳐나는 사회를 바라보면서 국민들의 자유와 사회 개혁과 더불어 선진 열강 속에서 이 나라를 발전시켜 나갈 지도자를 갈망하는 것은 당연한 것이라 하겠다.

500년 전 혼란이 난무한 때에 마키아벨리도 우리와 같은 희망을 품고 살았다. 그가 살던 르네상스 시대는 그리스·로마 문학의 부흥기였으며 인간성 존중과 개성 회복의 중요성이 대두되던 시기였다. 그럼에도 그의 조국인 피렌체와 이탈리아는 분열과 부패의 고리에 얽혀서 내전이 거듭되었고, 주변 열강들의 침입으로 정치는 말이 아니었다.

이러한 역사적 수난 속에서 마키아벨리의 뇌리에 있는 유일한 이상은 로마제국과 같은 유럽 질서의 회복이었고, 이를 위하여 어떤 희생이라도 감수하는 게 그의 신념이었다. 그는 법에 의한 사회의 회복과 무정부 상태를 수습할 수 있는 인물이 나타나 주기를 간절히 바라고 있었다.

마키아벨리의 이상으로 탄생한 『군주론』은 500년을 지나오면서 여러 사람들의 칭송과 논란의 중심이 되어왔으며, 그가 탄생시킨 마키아벨리즘은 목적 달성을 위해 수단과 방법을 가리지 않는 이미지로 널리 사용되어 왔다. 그러나 마키아벨리가 이러한 오해와 비난을 받은 것은 그가 『군주론』을 통하여 인간의 내면에 존재하는 야만성을 폭로하고 현실을 냉정한 관점에서 분석했기 때문이다.

시대를 뛰어넘어 오늘날에도 다양한 방법으로 연구되고 있는 『군주론』은 군주, 즉 통치자의 통치방법과 명성을 얻기 위한 처세방법, 측근 각료를 선택하는 방법과 간신을 피하는 방법 등 세세한 부분까지 자세하게 언급하고 있다. 이 점을 놓고 볼 때 그는 지금의 우리보다 더 현실감각이 뛰어났으며,

인간의 본성과 국가의 본질을 예리하게 파악한 후 깊이 있는 통찰력으로 현실적인 대안들을 제시하고 있다고 평할 수 있다. 세상과 인간에 대한 통찰력으로 인해 마키아벨리의 저서는 오늘날에도 변치 않는 통치방법의 고전으로 자리매김하고 있으며, 우리는 그의 노력으로 탄생한 역작에서 현실에 도움이 되는 많은 교훈들을 찾아낼 수가 있다.

헌정사

니콜로 마키아벨리가 위대한 로렌초 데 메디치 전하께 올리는 글

군주의 환심을 사려는 이들은 보통 자신이 소유한 것 중에서 가장 소중하고 값진 것을 (군주에게) 바치거나, 군주가 가장 기뻐할 만한 것을 가지고 군주에게 접근합니다. 그래서 그들은 군주에게 말, 무기, 금으로 만든 귀한 옷, 값비싼 보석 같은 군주의 고귀한 지위와 위엄에 어울릴 법한 장신구들을 선물로 바치고는 합니다.

저 또한 전하에 대한 충성심의 표시로 무엇인가를 드리고 싶지만 사람들이 이야기하는 귀중한 것이 저에게는 없습니다. 하지만 저는 최근에 일어난 사건들에 대한 지속적인 경험과 끊임없는 고대사 연구를 통해 배운 위대한 인물들의 행적에 대한 지식을 가지고 있습니다. 이것은 제가 가지고 있는 것 중에 가장 귀중하고 가치 있는 것입니다.

따라서 저는 이 지식들을 오랜 시간 동안 심혈을 기울여 검토하고 성찰한 결과를 한 권의 작은 책으로 만들어서 전하께 바치려고 합니다.

위대한 전하께 바치기에는 이 책이 부족할지도 모릅니다. 하지만 제가 오랫동안 온갖 시련과 위험을 무릅쓰고 연구하고 배운 모든 것을 전하께서 단시일 내에 익힐 수 있도록 요약하고 정리했기 때문에 자비로우신 전하께서는 이것이 제가 바칠 수 있는 가장 귀중한 것임을 헤아리시고 받아주시리라 믿습니다.

저는 많은 사람들이 자신들의 주제를 기술하고 꾸미기 위해 사용하는 외양상의 수사나 인위적인 기교, 어색한 운율, 고상한 어조나 멋있는 구절을 일절 사용하지 않았습니다. 왜냐하면 제가 드리는 이 책이 외양상의 수사나 기교가 아니라

마키아벨리(Micolaus Maciavelius; 1469~1527)의 『군주론』은 1513년 7월부터 12월까지 5개월에 걸쳐 쓰였다. 그는 이 책을 그 당시 피렌체의 지배자들 중 한 사람이었던 지울리아노 데 메디치에게 바치려고 했다. 왜냐하면 그가 중부 이탈리아 지방에 새로운 국가를 세우려고 했기 때문이다. 하지만 그의 계획이 실패로 돌아가자 이 책은 피렌체의 최고 지배자인 로렌초에게 바쳐졌다. 따라서 헌정사는 본문보다 늦게 쓰였다.

오직 책의 독창성과 주제의 중요성만으로 받아들여지기를 바라기 때문입니다.

신분이 낮은 사람이 감히 군주의 통치를 논하고, 지침을 제시하는 것이 신분을 망각한 소행으로 여겨지지 않기를 바랍니다. 풍경화를 그리려는 사람이 산과 고지의 모습을 관찰하려면 골짜기와 같은 평지로 내려가야 하고, 낮은 곳을 관찰하려면 산 위로 올라가야 하는 것과 같이 국민의 성향을 파악하기 위해서는 군주의 입장에 서 보아야 되고, 군주의 성격을 이해하기 위해서는 국민의 입장에 서 보아야 하기 때문입니다.

그러므로 전하께서 제가 이 선물을 드리는 깊은 마음을 헤아리시고 부디 받아주시기를 소망합니다. 저는 전하께서 탁월한 능력과 운명이 보장된 위대한 자리에 오르시기를 바랍니다. 이 책을 읽고 그 뜻을 가슴에 새기시면 저의 깊은 소망을 발견하실 수 있을 것입니다.

전하께서는 높은 곳에서 때로는 여기 낮은 곳으로 눈을 돌리실 것이고, 제가 엄청나고 잔혹한 불운에 의해서 끊임없이 부당한 학대를 받고 있다는 사실을 아시게 될 것입니다.

Niccolo Machiavelli

마키아벨리의 생애와 사상

마키아벨리의 사상은

이데올로기의 다양성, 사회 경제적 차이,

종교 · 윤리 · 문화적 편차를 초월하여

권력정치가 전개되는 상황이면 어디에서나 적용될 수 있다.

_ 마키아벨리의 생애

마키아벨리의 본명은 니콜로 베르나르도 마키아벨리(Niccolo Bernardo Machiavelli)이다. 그는 1469년 5월 3일에 이탈리아의 피렌체에서 태어났다. 1498년 29세에 그는 당시 이탈리아 반도에 있었던 도시국가인 피렌체의 통치기관 시뇨리아의 4부 중 하나인 자유평화 10인 위원회의 비서관겸 2등서기관으로 임명되어 처음으로 공직 일을 했다. 그는 외교업무를 담당하는 중책을 맡아 북이탈리아의 카테리나 스포르짜와의 화해에 성공하여 그 능력을 인정받았다. 그가 공직에 임명될 때까지의 생애는 거의 알려져 있지 않으며, 법률가인 부친에게서 인본주의적인 소양을 교육받았던 것으로 보인다.

체사레 보르자
군주론의 모델이 되었던 교황 알렉산더 6세의 아들. 마
키아벨리는 악의 대명사로 불리던 이 젊은이에게서 이
탈리아를 구원할 빛을 보았다. / 조르조네 作, 베르가모,
아카데미 카라라

    르네상스 문예운동이 최고점에 도달했던 때였으므로, 마키
아벨리가 태어난 이탈리아는 안정되고 평온한 사회였다고 여
겨질지 모른다. 그러나 실제로 그 시기의 이탈리아는 정치적
으로나 사회적으로나 분열과 혼란을 겪고 있었다.

    15세기 말에 독일과 프랑스는 통일된 국가로 발전해가고
있었지만, 이탈리아는 국가 분열이 더욱 심해지고 외세로부
터 받는 지배 또한 강해지고 있었다. 특히 십자군 이후에 여
러 곳에서 일어난 도시국가들이 이런 혼란을 조장했다. 따라
서 이탈리아는 르네상스 문예운동의 이름뿐인 공화국이었고,
실제로는 피에르 메디치의 독재국가였다.

마키아벨리가 태어난 1469년에 피에르 메디치를 이어 로렌초가 통치자로 등장했다. 그는 다른 도시국가들의 지배자들과 같이 전제적 독재자였다. 그러나 그는 독재자였음에도 불구하고 총명과 덕망으로 메디치 가문의 전통을 이어받았고, 르네상스의 대표적 인물로 떠올랐다. 그러나 1492년, 탁월한 지력, 무력 그리고 정치적 능력을 지닌 로렌초가 사망하고 그의 아들인 피에로 메디치가 그를 계승한다. 같은 해 로마에서는 보르자 가문의 알렉산더가 권력을 잡았다. 그해 프랑스의 샤를 8세가 이탈리아를 침입했으며, 분열상태에 있던 이탈리아는 결국 굴복당하고 만다.

이탈리아는 프랑스의 침입으로 여러 세력들이 서로 다투는 시대를 맞는다. 결국 샤를 8세의 침공에 비굴하게 항복한 피에로 메디치가 피렌체에서 추방당한다. 그 후 마키아벨리가 처음으로 공직에 임명되던 다음 해에 샤를 8세를 계승한 루이 12세가 또다시 이탈리아를 침입했다. 이 침입으로 이탈리아는 다시 전쟁에 휘말리게 되었다.

이때에 마키아벨리는 피렌체의 외교관으로 프랑스에 파견되어 화해를 위해 필사의 노력을 하였으며, 이 시기에 체사레 보르자가 이탈리아에 등장했다. 교황 알렉산더의 아들인 그는 교황과 프랑스를 배경으로 이탈리아반도를 통일하기 위해

프란체스코 구이차르디니
마키아벨리 말년의 절친한 친구이자 피렌체 공화국의
외교관, 정치가, 역사가. 카를 5세의 이탈리아 침입에
맞서 교회측 총사령관으로 임명되었으나 전투에는 수
수방관했다고 전해진다. / 피렌체, 우피치 미술관

세력을 확장하고 있었다. 피렌체는 마키아벨리를 체사레에게
사신으로 보내서 수교를 이루어 내게 했다.

이때 체사레와 접촉했던 마키아벨리는 목적 달성을 위하여
세심하면서도 대담하고, 행동에 술책이 있으면서도 잔인하
고, 목적을 위해 수단과 방법을 가리지 않고 단호하게 처신했
다. 마키아벨리는 체사레를 이탈리아 그 자체라고 평가하면
서 체사레의 인간성이나 도덕성을 정치적인 것과는 별개로
분리하여, 이탈리아를 통일국가로 이룩하는 정치적 수단으로
삼으려고 했다. 그러나 아버지인 알렉산더 교황의 죽음으로
체사레는 꺾이고 말았다.

한편 피렌체는 피사와의 오랜 전쟁으로 사회가 불안했고

재정이 곤란했다. 당시 권력자였던 소데리니는 마키아벨리를 군부비서관으로 임명했다. 그는 피렌체 군정 확립에 헌신했다. 당시에 독일과 프랑스는 이탈리아 반도에 계속 침입하였는데 피렌체는 프랑스와 중대한 이해관계가 있었기 때문에 이 문제를 해결하려고 마키아벨리를 다시 프랑스에 보냈다.

1512년, 피렌체에서 혁명이 일어나 소데리니는 쫓겨나고 메디치 가문이 정권을 잡고 전제정치를 했다. 구 정권에 종사했다는 이유로 마키아벨리는 투옥되어 1년 간 억류생활을 한 후 풀려났다. 그 후에 마키아벨리는 다시 공직에 복귀되었으나 메디치 통치에 반대했다는 혐의로 또다시 투옥되었다.

다행히 감옥에 갇혀 있는 기간이 짧았으며, 석방된 후에는 산 카지아노 근처에 있는 그의 농장에서 아내와 여섯 자녀들과 함께 살았다. 그곳에서 그는 독서와 창작생활에 몰두했다. 작품으로 『군주론』, 『리비우스론』, 『전술론』 그리고 부패한 지도층을 비판한 풍자 희극작품 『만드라골라』 등이 있다.

1527년 5월, 이탈리아의 중심부인 로마가 스페인의 부르봉 군대에 의해 점령당한다. 메디치 가문은 반란으로 쫓겨나고 피렌체는 니콜라카포니의 평민당의 지배에 들어갔다. 실의에 빠진 마키아벨리는 1527년 6월 21일에 세상을 떠났고, 그의 유해는 성크로체 성당에 안치되었다.

_ 마키아벨리의 사상

마키아벨리는 흔히 약육강식의 폭군 제일주의자로 오해받고 있다. 이 사실은 사람들이 현시점의 자기 눈으로만 역사적 사실을 이해하려고 하는 데서 생겨나는 잘못이다. 마키아벨리와 그의 사상을 이해하기 위해서 우리들은 현시점이 아니라 마키아벨리가 살았던 그 당시의 이탈리아 반도의 현실을 이해해야만 한다.

로마제국의 멸망 후부터 이탈리아에는 분열과 혼란이 오랫동안 지속되었다. 이러한 상황에 놓인 이탈리아에서 태어난 마키아벨리의 천재성은 문학과 예술 등의 여러 분야에서도 발휘되었지만 특히 그의 흥미를 끈 것은 조국 이탈리아의 운

산타마리아 델 피오레
'성모마리아의 꽃'이라는 뜻의
피렌체 대성당. 르네상스의 위대
한 건축가 브루넬레스키의 작품
이다. 완성 당시에는 세계에서
가장 큰 돔이었다. 마키아벨리가
은둔생활을 할 때 이 성당을 보
면서 조국의 미래를 걱정했다고
전해진다. / 필리포 브루넬레스
키, 1420~1436년, 피렌체.

명이었다. 마키아벨리는 이탈리아를 어려움에서 건져내는 방
법은 정치적 해결뿐이라고 결론을 내리고, 독창적인 정치사
상을 창안하게 되었다. 그것은 정치와 윤리를 도덕에서 분리
시켜 객관적이고 과학적인 바탕 위에서 정치가 이루어지도록
하는 통치기술이었다.

  마키아벨리는 공직과 정치활동에서 물러나 있으면서도 이
탈리아와 피렌체에 지대한 관심을 가지고 있었다. 그 결과 국
가의 자유독립과 보존을 위한 방법을 『리비우스론』에, 주권
자의 자격과 행동원칙을 『군주론』에 각각 저술하였으며, 국

가와 주권자가 국가의 안전과 권력을 유지하는 데 있어 군대 관리가 가장 중요하다는 것을 『전술론』에서 주장했다.

마키아벨리의 저술 능력은 정치사상 부문에서만 발휘된 것이 아니라 순수문학 부문에서도 발휘되었다. 그리고 로마문화와 이탈리아 향토색에 대한 관심은 매우 컸다. 따라서 그의 문학활동은 언제나 이탈리아어와 이탈리아문학에 초점이 맞추어져 있었다.

11세기 후반부터 이탈리아어는 라틴어와 서서히 분리되었고 성 프란체스코의 『시론』을 거쳐 단테에 이르러 확고한 형태를 띠게 되었다. 그 후로 이탈리아어는 이탈리아반도의 일반 생활언어로 발전하였다.

마키아벨리의 정치사상은 이탈리아 통일에 대한 강한 열망 위에서 이루어졌다. 그는 이탈리아가 참혹한 상태에 처한 원인을 국가 내부의 분열 탓으로 보았다. 이탈리아 자체의 분열로 국가의 힘이 약해졌고, 그것이 외세의 침입을 불러왔다고 생각한 것이다. 순수한 역사학의 범주에서 벗어났다는 비난을 받을 수도 있겠지만 그의 생각은 역사적 사실을 토대로 그 인과관계를 부각시켜 논리적 귀납을 통해 역사의 원인을 파헤쳤다. 그는 중세적인 종교의 권위에서 벗어나 신의 섭리와 교훈을 역사적 사실과 분리시키고 자연법에 입각한 객관적인 사고로 사상을 확립했다.

마키아벨리는 은둔생활을 하면서 외침과 내분에 허덕이고 로마제국의 영광을 저버린 이탈리아를 구해내야겠다고 생각했다. 이탈리아를 구해내는 데 필요한 것은 일반적인 정치이론과는 차원이 다른 것이었고, 순수학문으로 이 문제를 다루기엔 그는 너무 절박했다.

그는 이탈리아를 구하기 위해서는 먼저 국내를 통일하고 외세를 몰아내야 한다고 생각했다. 그러기 위해서는 먼저 국가가 강력해야 하고, 국가가 강력해지려면 새로운 전제군주, 그중에서도 폭군이 있어야 한다고 생각했다. 그는 '새로운 군주는 어떤 사람이며 어떤 정책으로 이탈리아를 구해낼까'라는 문제의 해답을 『군주론』에서 오랜 경험과 학식, 그리고 그의 천재성으로 밝혀 나갔다.

마키아벨리의 일관된 이념은 조국, 영광, 그리고 힘이었다. 그가 말하는 조국은 이탈리아반도 전체를 의미한다. 그는 교황이나 황제의 지배하에서 누리는 한정된 독립과 자유가 아닌 통일된 조국에서 자치권을 충분히 행사할 수 있는, 외세로부터의 완전 독립과 자유를 꿈꾸었다. 그의 국가관념은 그가 존경했던 단테의 국가관념과도 달랐다.

"인간의 존재 목적은 행복이다. 이것을 실현하기 위하여 모든 국가는 평화를 유지해야 한다. 평화를 유지하기 위해서는 정치지도자인 황제와 영적인 종교지도자인 교황이 있어야 한다. 마차의 두 바퀴 중 하나가 빠져버리는 결함이 일어나서는 안 되듯 이들 양자는 불가분의 공존관계이다. 이들 양자는 인간을 위해 신이 내려 준 은총이다. 완전한 자유와 독립은 신의 섭리 안에서만 존재한다. 이런 의미에서 황제와 교황은 자유롭게 권력을 행사할 수 있다. 이러한 지배하에서만 봉건국가와 도시국가의 존재 이유와 목적이 합법화될 수 있다. 황제와 교황이 자기 위치와 권위를 굳게 지니고 있는 한 사회구조는 지탱된다. 그러나 이들 양자 중 어느 한쪽이 직분과 사명, 그리고 힘을 저버릴 때 사회구조는 저절로 무너져 버린다."

단테는 『제정론』에서 자신의 국가관념을 이와 같이 이야기했다. 단테가 이와 같은 국가관념을 가졌던 시대와 마키아벨리가 살고 있던 시대의 신국론 중심적인 사회구조는 무너졌다. 교통의 발달, 지식의 증대, 도시국가의 발달, 도시국가들의 재력 증강, 세속생활의 긍정, 국민정서의 각성으로 깨우친 르네상스 시대의 사람들은 영적 권위를 잃어버리고 세속에 빠져버린 교황과 황제를 버리고 있었다. 이 시대의 유럽 여러 국가들은 신국론 중심의 통일체를 벗어나 서서히 국민국가로 변화되어가고 있었다. 그래서 유럽의 각 나라는 주권과 권익을 앞세웠다.

　이러한 시대적 변화에 가장 뒤떨어져 있는 국가가 이탈리아였다. 마키아벨리는 단테의 신국론 중심적인 국가는 쓸모가 없어졌다고 생각하고, 이탈리아를 구해내는 방안을 『군주론』으로 내놓았다.

　"국가는 신의 섭리에 의해서가 아니라 국가 자체의 존엄성에 의해 존재한다. 그러므로 국가의 법은 절대적이다. 개인은 국가 내에서만 그의 존재 이유와 목적을 찾을 수 있다. 국가를 떠나 개인이 존재한다는 것은 상상할 수도 없다. 도덕과 종교 역시 국가의 법과 일치함으로써 그 생명이 발휘될 수 있다. 그러나 국가의 법과 명령은 국민 모두가 존중하여 받아들이는 것이어야 한다. 국가의 법은 국민의 소리에 근원을 두어야 한다."

　마키아벨리는 국가에 대해서 이와 같이 주장했다.

　"국가는 신의 섭리나 운으로 좌우되지 않는다. 국가 통치는 국민정신과 자연법의 원리를 근간으로 하여야 한다. 군주는 그런 국가를 실현하는 현실적 수단일 뿐이다. 그러므로 군주는 이와 같은 국가관념을 이해하고, 그 관념에 따라 국가를 이끌어 가는 영도자여야 한다."

　이와 같이 마키아벨리가 군주와 국가의 운명을 직결한 것

은 그 당시에 개인의 능력과 활동의 가치를 중요시했던 르네
상스 풍조를 따른 것이고, 국가라고 할 수 있는 조직사회를
가지고 있지 않았던 당시의 이탈리아 사정 때문이었다.

　마키아벨리가 말하는 군주는 냉철히 심사숙고하는 사람이
어야 하고, 국가의 이상을 실현하는 데 초점을 맞추며, 목적
을 향해 지혜와 용기를 가지고 저돌적으로 돌진하는 사람이
어야 했다.

Niccolo Machiavelli

군주론

국가는 신의 섭리에 의해서가 아니라

국가 자체의 존엄성에 의해 존재한다.

개인은 국가 내에서만 존재 이유와 목적을 찾을 수 있다.

국가의 법과 명령은 국민 모두가 존중하여 받아들이는 것이어야 한다.

국가의 법은 국민의 소리에 근원을 두어야 한다.

제1장_ 군주국의 종류와 성립과정

 예나 지금이나 백성을 지배해 온 모든 국가나 모든 권력은 공화국이거나 군주국이었다. 군주국에는 두 가지가 있는데, 하나는 오랫동안 통치자로 자리 잡은 지배자의 혈통을 계승한 세습군주국이며, 다른 하나는 새로 왕국을 건설하여 탄생한 신생군주국이다.

 신생군주국들은 프란체스코 스포르짜[1]가 세운 밀라노와 같은 경우처럼 전혀 새로운 국가나, 스페인의 왕이 통치하고 있는 나폴리 왕국[2]처럼 한 군주가 세습국가에 통합되는 새로운

---

1) 스포르짜 가는 용병대장의 집안이다. 프란체스코 스포르짜는 베네치아와 야합하여 Ambrosian 공화국을 멸망시키고 1450년에 군주의 자리에 앉았다.

국가도 있다. 하지만 위와 같은 방법으로 얻은 영토에는 과거 군주통치하에 사는 것에 익숙하거나 자유로운 생활에 익숙한 곳[3]도 있다.

그리고 영토를 얻는 방법에는 군주 자신의 군대를 사용하거나 남의 군대를 이용하여 획득하는 경우가 있으며, 요행이나 운에 의하거나 자신의 능력으로 영토를 얻는 경우도 있다.

---

2) 1904년에 나폴리 왕국은 프랑스의 지배에서 벗어나 통일된 스페인 왕국으로 합병됐다.
3) 봉건군주 밑에서 보다 자유스럽게 생활할 수 있었던 공화제의 여러 도시국가를 말한다.

제2장_ 세습군주국

공화국에 관하여는 이미 논의한 바가 있기 때문에[4] 여기서는 생략한다. 따라서 여기서는 군주국에 대해서만 이야기하고 앞에서 제시한 분류에 따라서 어떻게 군주국을 통치하고 어떤 방법으로 유지할 수 있는가에 대해서 논의하겠다.

먼저 현재 다스리는 군주 가문의 통치에 익숙한 세습군주국이 새로운 군주국보다 다스리기가 훨씬 더 용이하다고 말할 수 있다. 그 이유는 조상이 행한 기존의 질서를 충실히 지

---

4) 『정치론』에서 제1권 18장까지 이 문제를 취급했다.

키고, 불의의 사고에 적절히 대처하는 것만으로 군주의 역할이 충분하기 때문이다.

이런 방법으로 군주가 사리에 맞도록 꾸준히 애쓴다면 평범한 정도의 부지런함과 유능함만을 갖추고 있어도 어떤 의외의 강력한 세력에 의해 그 자리를 빼앗기기 전까지는 국가를 충분히 유지할 수 있다. 그리고 만약 강자에게 국가를 빼앗기는 사태가 일어나더라도 새 정복자가 어려움에 처하게 되면 언제라도 군주는 그 국가를 되찾을 수 있다.

이 실례로 이탈리아의 페라라 공작[5]을 들 수 있다. 만약 그가 그 지역에서 세습군주의 후계자가 아니었다면 1484년에 있었던 베네치아군의 공격이나 1510년의 교황 율리우스의 공격에 견디지 못했을 것이다.

정통한 군주는 신생군주에 비해서 국민을 귀찮게 할 이유와 필요가 없기 때문에 존경을 받는 것이 당연하다. 군주가 상식 밖의 비행을 범하지 않는 한 미움받을 이유가 없다. 따라서 그는 당연히 국민들에게 호감을 사게 되며, 신민들이 그

---

5) 페라라 영주였던 에스테가의 에르콜레 1세를 말한다. 그는 베네치아와 싸워 패했으나 후에 다시 군주의 자리를 되찾는다.

를 따르는 것은 놀라운 일이 아니다.

더욱이 군주 가문의 혈통이 오래 지속될수록 급진적인 변화와 그 원인에 대한 기억은 희미해지기 마련이다. 왜냐하면 어떠한 변화든지 하나의 변혁은 반드시 또 다른 하나의 화를 초래하는 화근을 동반하기 때문이다.

제3장_ 복합군주국

신생군주국에는 여러 가지 어려운 일들이 일어난다. 먼저 전적으로 신생군주국은 아니지만 종래에 있던 군주국에 수족처럼 병합된 경우[6] 국가 변화 가능성은 모든 신생군주국이 겪기 마련인 자연발생적인 일들 때문에 혼란이 발생한다.

사람들은 자신들의 처지를 개선할 수 있다고 믿으면 기꺼이 지배자를 갈아 치우려는 습성이 있다. 이러한 기대로 인해서 지배자에게 무기를 들고 봉기하게 된다. 하지만 이는 국민들이 착각에 빠진 것뿐이다. 사람들은 호된 경험을 한 후에야

---

6) 신-구 영토를 합쳐서 복합군주국이라고 부를 수도 있겠다.

뒤늦게 자신들의 상황이 전보다 악화되었음을 깨닫는다.

이러한 상황은 또 하나의 자연스럽고 정상적인 군주의 행위 조건에서 비롯되기도 한다. 신생군주는 그의 군대를 통해서, 또 국가를 정복하는 데 따르는 무수히 많은 가해행위를 통해서 사람들을 해치지 않으면 안 된다. 그는 항상 새로운 백성들에게 피해를 가할 수밖에 없는 상황에 처하기 마련이다.

이렇게 되면 정복자는 정복하는 과정에서 피해를 끼친 모든 사람들을 적으로 만들고, 그를 지원하여 모여든 친지도 약속대로 대우해 주기 힘들어진다. 그렇다고 은혜를 베푼 지원자들에게 강력한 대응책을 쓸 수도 없는 노릇이다. 이러한 이유 때문에 신생군주는 강력한 군대를 거느리고 있더라도 새로운 지역을 점령하기 위해서는 초기 병합단계에서 그 지역 주민들의 지지를 필요로 한다.

바로 이런 이유로 프랑스의 루이 12세[7]가 단숨에 밀라노를 점령할 수 있었지만 마찬가지로 순식간에 이를 잃고 말았다. 루도비코가 자신의 군대만으로 일거에 루이 12세를 몰아내고 도시를 점령한 것이다. 그곳 주민들은 루이 12세를 위해 성문

---

7) 1462~1515 : 베네치아 공화국의 양해를 얻어 밀라노 공화국을 공격하여 점령했다. 그러나 그는 다시 밀라노를 빼앗긴다. 저자는 피렌체가 확립한 이탈리아의 정치균형이 그것 때문에 깨어졌다고 비난했다.

을 열었지만, 후에 그들이 기대했던 만큼의 이득을 얻지 못하자 그들의 생각이 잘못되었음을 깨달았고 따라서 새로운 군주의 억압적인 통치를 더는 참을 수 없었다.

반란을 일으킨 나라를 다시 정복한 경우에는 나라를 쉽게 빼앗기지 않는다. 왜냐하면 새 지배자는 이전의 반란 때문에 그의 권력을 강화하고, 반역자를 가려내어 처벌하며, 혐의자를 찾아내고, 의심스러운 자들은 몰아냄으로써 군주의 약점을 보완하여 다시 이런 일이 없도록 단호하게 처신할 것이기 때문이다.

그리하여 처음으로 프랑스에게 밀라노를 빼앗겼을 때, 밀라노를 되찾기 위해 루도비코 공은 단순히 국경 부근을 교란시킴으로써 프랑스 왕을 몰아낼 수 있었다. 그 후 다시 프랑스에 빼앗긴 밀라노를 재탈환하기 위해서는 전 세계[8]가 연합하여 프랑스에 대항함으로써 그의 군대를 패주시켜 이탈리아로부터 몰아내야만 했다.

위에서 말한 이유 때문에 이런 사태가 일어났던 것이다. 그럼에도 불구하고 프랑스 왕이 밀라노를 두 번씩이나 잃게 된

---

8) 루이 왕에 맞서 신생동맹의 연합군이 대항했다. 루이는 1513년 패하여 이탈리아에서 손을 뗐다.

사실은 부인할 수가 없다.

밀라노를 처음 잃게 된 일반적인 이유에 관해서는 앞에서 논의한 바 있다. 문제는 두 번째로 말라노를 잃은 이유에 대해서 논의하고, 프랑스 왕은 이런 경우에 어떤 해결책이 있었으며 그와 유사한 처지에 있는 지배자의 경우 어떻게 하면 밀라노를 그대로 장악하기 위해 프랑스 왕이 실제 했던 것보다 더 좋은 정책을 강구할 수 있는가를 고려하는 것이다.

먼저 정복자가 새로이 영토를 얻어 그것을 본국에 병합할 때, 이 두 영토가 동일한 지방이며 동일한 언어를 갖고 있느냐 그렇지 않느냐에 따라 상황이 달라진다는 것을 말할 수 있다. 만약 동일한 지방에 동일한 언어를 가진 지역이라면 영토를 유지하는 것은 지극히 쉬운 일이며, 게다가 그 지역 주민이 아직 자치를 하는 데 익숙지 못한 곳이라면 다스리는 것은 더욱 쉬울 것이다.

이러한 영토를 영구적으로 확실히 지배하기는 그곳을 지배하던 군주 가문을 없애버리는 것으로 충분하다. 왜냐하면 그 밖의 다른 일들에 대해서는 국민들이 예전의 생활양식을 그대로 유지할 수 있고, 관습상의 차이가 없는 한 평온한 삶을 지속할 수 있기 때문이다.

이전에 프랑스에 병합된 부르군디, 브리타뉴, 가스코뉴 및 노르망디 지방의 경우에서 보아왔던 대로 이 지방들과 프랑스 사이에는 약간의 언어 차이는 있어도 풍습이 유사했기 때문에 별다른 어려움이 야기되지 않았다. 따라서 이러한 나라를 병합하고 유지하고자 하는 군주는 그 점령지를 유지하는 데 있어서 다음 두 가지 점에 주의해야 한다.

하나는 예전에 통치하던 군주의 혈통을 없애 버리는 것이며, 다른 하나는 그곳에 있던 법률과 세제에 손을 대지 않는 것이다. 이러한 방법을 채택하면 새로운 지역과 기존의 공화국은 빠른 시일 내에 통합되어 단일한 정치체제로 완전히 융합할 수 있다.

그러나 국가가 언어, 관습 및 제도가 다른 어느 지역의 영토를 기존의 군주국에 병합하면 상당한 문제가 야기된다. 그것을 유지하기 위해서는 꾸준한 노력이 있어야 하고, 커다란 행운과 능력이 요구된다. 따라서 가장 효과적이며 최선인 해결책은 정복자가 그 지방에 친히 가서 정주하는 것이다. 이러한 조치를 취하면 두 영토의 융합은 더욱 확실하게 되고 영속성이 확보된다.

그리스[9]에 대한 투르크의 정책이 그 표본이다. 만약 투르

---

9) 15세기에 투르크 족에 의해서 침략 당한 발칸 반도 전체를 말한다.

크 군주가 직접통치를 하지 않았더라면 그리스를 확보하려고 취한 그 밖의 다른 모든 정책도 충분하지 못했을 것이다. 통치자가 현지에 가서 직접 살게 되면 사고를 미연에 탐지하여 신속하게 효과적인 조치를 취할 수 있다. 그러나 멀리 떨어져 있으면 사고가 생겨서 이미 해결이 불가능할 때 비로소 사태의 심각성을 알게 되므로 효과적으로 대응할 수 없게 된다.

더욱이 군주가 직접 그 지역에 가 있으면 관리들이 신민의 것을 약탈하는 불법행위는 없을 것이다. 또 신민들도 어떤 일이 있을 때 군주에게 직접적으로 호소할 수 있는 기회가 있기 때문에 만족스러워 할 것이다. 그 결과 신민들에게 새로운 군주에 대한 충성심이 생기고, 군주가 가까이에 있음으로 해서 그것이 더욱 두터워지게 되며, 충성하지 않는 자들은 군주를 더욱 두렵게 여기게 될 것이다.

외부에서 그 나라를 공격하고자 하는 자가 있다고 한다면 군주가 그곳에 있기 때문에 더욱 신중히 경계하게 된다. 그러므로 군주가 새 영토에 정주하게 되면 그 영토를 결코 쉽게 잃지는 않을 것이다.

차선의 해결책으로 사용할 수 있는 것은 정복국가의 거점이 될 수 있는 한두 곳의 전략지역에 상주병[10]을 주둔시키는 것이다. 만약 이 방법을 취하지 않는다면 군주는 대규모의 무장병력을 파견해야 할 것이다. 상주병을 주둔시키는 데는 많은 비용이 들지 않는다. 따라서 군주는 상주병을 주둔시켜 비용을 전혀 들이지 않거나 적은 비용만을 사용하여 그것을 유지시킬 수 있다.

물론 상주병의 이주로 땅과 집을 빼앗기는 피해를 입는 현지 주민이 발생할 것이다. 그러나 그들은 소수이며 국민 전체를 볼 때 간과할 만하다. 이렇게 희생당한 무리는 언젠가는 흩어지고 빈곤해져 군주에게 보복할 엄두도 내지 못한다. 그 이외의 주민은 이런 피해가 자기들에게 닥치지 않았으므로 안심하며 생활할 것이고, 앞으로도 그러한 피해가 그들에게 일어나지 않도록 조심할 것이다.

결국 상주병은 비용이 적게 들고 군주에게 보다 충성스러우며, 일반군인과 달리 포악하지 않아 주민들에게 피해를 끼치지도 않을 것이다. 해를 준다 해도 앞서 말했듯 피해자들이 큰 위협이 되지는 못할 것이다.

---

10) 『정략론』 제2권 7장에 설명되어 있는 로마 시대의 Colony이다. 주둔지에서 농사를 짓고 영주하면서 군에 종사하는 군대제도이다.

국민을 다스릴 때 염두에 두어야 할 것은 국민이란 다정하게 안아 머리를 쓰다듬어 주든지, 아니면 아주 짓밟아 버리든지 둘 중에 한 가지 방법을 택하여 다스려야 하는 존재라는 것이다. 왜냐하면 인간이란 사소한 모욕에는 보복하려 하지만 엄청난 피해에 대해서는 감히 복수할 엄두도 내지 못하기 때문이다. 따라서 타인에게 해를 입히려면 복수가 뒤따르지 않도록 아예 크게 입혀야 한다.

그러나 상주병 대신 일반군대를 파견하면 막대한 비용이 들 것이다. 왜냐하면 그 지역의 모든 국고수입은 그 지역의 안보에 소모되기 때문이다. 그렇게 되면 새로운 영토를 얻는 것이 이득이 되지 못한다. 게다가 그의 군대를 여러 주둔지로 이동시킴으로써 영토 전역에 해를 끼치게 되어 민심은 소란해지고 많은 사람들이 군주에게 적대적이 된다.

그리고 주민들은 비록 패배했지만 자신들의 고향에 그대로 정주하고 있기 때문에 위험한 적으로 남아 있게 된다. 그러므로 모든 면에서 볼 때 상주병은 고도로 효과적인 데 비해 일반군대의 파견은 잘못된 것이라고 할 수 있다.

다음으로 이미 말한 것과 같이 그의 본국과 풍습이나 언어가 다른 지역을 다스릴 때, 그 군주는 인접한 약소국가들의 맹주가 되어 스스로 보호자의 역할을 담당하고, 그 지역의 강력한 국가를 약화시키도록 노력하며, 돌발적인 사태로 인해서 외부의 강력한 국가가 개입하지 않도록 만반의 태세를 갖추도록 노력해야 한다. 왜냐하면 지나친 야심이나 두려움으로 인해서 불만을 가진 자들이 외부세력을 끌어들일 수 있기 때문이다.

그 옛날 아에톨리안들이 그리스에서 로마 군대를 유인했을 때처럼 불만을 가진 자들은 언제나 강력한 외세를 끌어들이기 마련이다. 그리고 로마가 공격한 모든 나라에서 원주민들의 일부가 로마인들의 침입을 지원하였다. 통상적으로 강력한 침략자가 침입해 오면 모든 약소세력들은 그때까지 자기들을 억누르던 강자에 대한 원한으로 단숨에 새로운 세력과 연합하게 된다. 그러므로 침략자는 이런 약소세력들의 환심을 살 때에는 아무런 어려움에 부딪히지 않는다.

약소세력의 심리는 강한 자, 즉 새로운 권력을 지지하는 성향을 띠고 있다. 이런 약소세력에 관해서 유의할 점은 그들이 너무 많은 군사력이나 영향력을 얻지 않도록 해야 한다는 것이며, 언제나 자기 세력을 중심으로 하여 약소세력의 지원으로 강자를 쓰러뜨리기만 하면 되는 것이다. 이런 식으로 행동하지 않는 지배자는 그가 얻은 것도 쉽게 잃을 것이며, 얻은 것을 유지하는 동안에도 끊임없는 환란과 분규를 겪게 될 가능성이 크다.

로마인들은 그들이 점령한 지역에서 이런 규칙들을 잘 지켰다. 그들은 상주병을 파견하여 약소세력과의 우호관계를 유지했으며, 강력한 세력을 진압하고 정복한 지역에서 강력한 외세가 영향력을 얻지 못하도록 조처했다.

그리스는 그 좋은 예이다. 로마군은 아카이안과 아에톨리안[11]들과 우호관계를 유지했다. 그리고 마케도니아 왕국을 쳐부수고 거기에서 시리아 왕 안티오쿠스 3세를 내쫓는 데 성공했다. 그러나 아카이안이나 아에톨리안들이 많은 공헌을 했음에도 로마인들은 그들의 세력이 강성해지는 것을 결코 허락하지 않았다. 마케도니아 왕 필립포스는 동맹으로 받아들여지기를 원했지만, 로마인들은 그의 권력이 재기하는 것을 허용하지 않았다. 심지어 그들은 강대한 세력으로 버티고 있는 안티오쿠스에게 그리스의 어떤 영토도 양보하지 않았다.

이러한 사례에서 볼 수 있듯이 로마인들은 현명한 군주라

---

11) 이 두 나라는 약소국이었고 마케도니아는 강대국이었다.

면 누구나 할 수 있는 조치들을 취한 것이다.

현명한 군주는 눈앞에 보이는 것만이 아니라 먼 장래에 일어날지도 모르는 분규 또한 고려해야 하며, 이러한 사태를 극복하기 위해서 모든 수단을 강구해야 한다. 왜냐하면 분규는 최초의 징후부터 감지하면 그 대책이 강구되나, 만약 늦도록 방치하여 커지면 불치의 병으로 악화되어 백약이 듣지 않기 때문이다.

흔히 의사들이 폐질환에 대해 초기에 발견만 하면 치료하기가 쉬우나 그 시기가 지나면 병이 발견되어도 치료가 매우 어려워진다고 말한다. 국가를 통치하는 일도 이와 마찬가지이다. 정치적인 문제를 일찍이 인지하면 문제는 신속하게 해결될 수 있다. 그러나 예견하지 못하고 사태가 악화되어 모든 사람이 알아차릴 정도로 표면화되면 그 어떤 해결책도 소용이 없게 된다. 그런데 로마인은 재난을 예견할 수 있었기 때문에 항상 그 대책을 강구할 수 있었다.

그들은 전쟁을 피하기 위해서 화근이 자라는 것을 결코 용납하지 않았다. 왜냐하면 그들은 전쟁이란 피하려 해도 피할 수 있는 것이 아니며, 뒷걸음질하면 단지 적에게 이점만 준다는 것을 너무나 잘 알고 있었기 때문이다. 바로 이러한 이유로 로마인은 필립포스와 안티오쿠스를 이탈리아 본토에 맞아들여 싸우지 않고 선수를 쳐서 그리스에서 그들과 전쟁하는 것을 택했다.

또한 로마인은 그리스에서 그 두 세력을 상대로 싸우는 것을 피할 수도 있었을 것이다. 그러나 그들은 전쟁을 피하거나 뒤로 미루지 않았다.

더욱이 로마인들은 우리 시대의 현인들이 흔히 이야기하는 '시간을 끌면서 이득을 취하라' 는 격언을 결코 받아들이지 않았다. 오히려 그들은 그들 자신의 능력과 신중함에서 나오는 이득을 취하는 것을 선호했다. 왜냐하면 시간은 모든 것을 휩쓸어가고 선과 악을 구분 없이 몰고 오기 때문이다.

프랑스 왕의 사례로 되돌아가서 그들이 우리가 주장했던 정책들 중에서 과연 어떤 것을 채택했는지 살펴보자. 샤를 왕[12]보다 루이 12세에 대해서 이야기하는 것이 더 낫겠다. 왜냐하면 루이 왕은 오랫동안 이탈리아 영토를 유지했으므로 그 정책에 관해서 상세히 연구할 수 있기 때문이다.

여기에서 우리는 그가 풍습과 언어가 다른 지역의 영토를 유지하기 위해서 시행해야 하는 정책과 정반대의 정책을 시행한 것을 발견할 수 있다. 베네치아는 야망에 찬 계획을 가

---

12) 루이 이전에 이탈리아를 침입한 샤를 8세

프랑스 왕 샤를 8세
위인전을 너무 많이 읽은 끝에 영웅이 되고자 했던 또 한
명의 인물이며 그야말로 단순한 몽상가였다. 힘을 가진
몽상가가 얼마나 무서운지를 보여준 인물로 이탈리아를
침입한 뒤 알렉산더 6세와 체사레 보르자에게 당하고 프
랑스로 쫓겨났다./파리, 국립도서관

지고 루이 왕의 이탈리아 침입을 지원했는데 그들은 그 침입
을 기회로 하여 롬바르디아 영토의 반을 획득하고자 했다.

루이 왕의 이런 행동을 비난할 수는 없다. 왜냐하면 왕은
이탈리아에서 발판을 구축하기를 원했지만 거기에서 어떠한
동맹도 맺고 있지 않았기 때문에 자기편은 아무도 없었고, 더
욱이 샤를 왕의 불미스러운 행각으로 모든 성문이 굳게 닫혀
있었기 때문에 상대를 가리지 않고 자기편을 찾지 않으면 안
될 입장에 놓였다. 그가 다른 실수를 저지르지 않았다면 이
좋은 정책은 성공했을 것임에 틀림없다.

루이 왕이 롬바르디아를 정복했을 때 그는 샤를 왕 때문에

실추되었던 권력과 명성을 즉각 되찾을 수 있었다. 제노아는 항복했고 피렌체도 그의 동맹이 되었다. 거기에다 이탈리아 중부지방의 백작과 후작 및 영주들, 그리고 루카, 피사 및 시에나의 시민들이 그에게 접근하여 동맹이 되고자 하였다.

이때가 되어서야 베네치아 공화국은 그들이 취한 정책이 경솔했음을 깨달았으나 이미 늦었다. 결국 그들은 롬바르디아에서 몇 개의 영지를 탐내다가 프랑스 왕으로 하여금 이탈리아 반도의 3분의 1[13]을 차지하게 만든 꼴이 되었다.

만약 루이 왕이 앞에서 제시한 규칙을 따르고 이 모든 동맹국들을 유지하고 보호했다면, 그가 이탈리아에서 쉽게 지위를 확보했을 것이라고 누구나 생각할 것이다. 왜냐하면 그에게는 많은 동맹국들이 있었고, 동시에 그들은 모두 약체로서 교회와 베네치아[14]를 두려워하고 있었으므로 그와 동맹관계를 유지하지 않을 수 없었기 때문이다.

프랑스는 바로 이런 입장에 놓인 여러 나라의 힘을 빌려 나머지 세력 있는 국가도 정복할 수 있었다. 그러나 그는 밀라

---

13) 원전의 3분의 2는 사실과 다르며 일반적으로 3분의 1정도라 추측된다.
14) 15세기말 이탈리아의 두 세력은 교황령과 베네치아였다.

노에 입성하자마자 알렉산더 교황[15]의 로마냐 지방 정복을 지원함으로써 내가 제안한 것과 반대되는 정책을 추진하기 시작했다. 이런 정책은 그를 믿고 그의 편에 들어온 여러 국가들을 놓치게 되는 결과를 낳았다. 자신을 약화시킴과 동시에 막강한 권위의 근원인 로마교회에 많은 속권을 보탬으로써 교회를 강성하게 해준다는 점을 미처 생각지 못한 것이 그가 이 정책을 펼친 원인이었다. 바로 이 점 때문에 그는 큰 실패를 했다.

그는 첫 번째 실수를 저지른 후 이를 만회하기 위해서 다른 실수를 거듭했고 결국에는 알렉산더 교황의 야심을 꺾고 그가 토스카나 지방의 지배자가 되는 것을 막기 위해 다시 이탈리아를 침입해야 할 지경에 이르렀다. 교회 세력을 강화시키고 동맹을 상실한 것은 그의 성에 차지 않았다. 결국 그는 나폴리 왕국을 탐내어 그 왕국을 스페인 왕과 분할하려고 했다.[16]

그 당시 루이 왕은 거의 단독으로 이탈리아의 지배자로 군림할 수 있었는데[17] 이 일로 상대를 더 끌어들인 격이 되었다. 이

15) 알렉산더 6세(1431~1502) : 돈으로 교황의 직위를 샀다.
16) 1502년 보르자가 피렌체까지 공격할 것이라는 소문으로 루이는 밀라노까지 내려왔다.

는 이 지역에서 그에게 불만을 품고 있는 자들에게 도움이 될 수 있는 인물을 일부러 모셔 온 것이나 다름이 없는 것이다.

나폴리 왕국에는 그에게 충성을 다 바칠 수 있는 군주를 앉혀 놓아야 했음에도 불구하고 정반대의 일을 하여 그를 몰아낼 자를 그 자리에 앉혀 놓는 어리석음을 범하고 말았다.

더 많은 영토를 얻고자 하는 욕망은 자연스럽고 정상적이며 흔히 있는 일이다. 유능한 자들이 이런 일을 수행했을 때에는 비난을 받기보다 칭찬을 받았다. 그러나 능력도 없는 자들이 수단과 방법을 가리지 않고 이를 추구할 경우, 그것은 비난을 받을 만한 실책이 된다.

따라서 프랑스가 자신의 병력으로 나폴리를 점령할 수 있었더라면 프랑스는 그렇게 했어야 했다. 그렇지 않았다면 프랑스는 그 영토를 분할하고자 해서는 안 되었다. 비록 그가 롬바르디아를 베네치아인과 같이 분할함으로써 이탈리아에서 프랑스의 루이 왕에게 근거지를 만들어 주었기 때문에 그 일은 용서받을 수 있었다. 그러나 그 이후에 행한 다른 분할

---

17) 1500년 스페인 왕 페르난도와 같이 나폴리를 두 개로 나누었다. 후에 둘 사이가 나빠져 루이는 그 권력을 잃는다.

은 불가피한 것이 아니었기 때문에 비난받아 마땅하며 용서할 수 없는 것이다.

따라서 루이는 다음의 다섯 가지 실책을 했다고 볼 수 있다. 그것들은 약소국가들을 섬멸한 것, 로마교회 세력을 신장시킨 것, 강력한 외세를 끌어들인 것, 본인이 정주하지 않은 것, 상주병을 두지 않은 것이다.

그럼에도 불구하고 루이가 베네치아 공화국의 영토를 탈취하려는 여섯 번째의 과오만이라도 범하지 않았더라면 그의 생이 지난 실책들로 인해서 피해를 입지는 않았을 것이다. 다시 말하자면 스페인이 이탈리아에 개입하기 전에 그가 베네치아를 치는 일은 로마교회가 강대하기 전이라면 합리적이고 필수적이었을 것이다. 그러나 이미 두 가지 결과가 초래된 이상, 그는 결코 베네치아의 몰락을 용인해서는 안 되었다.

베네치아인들은 세력이 강대했기 때문에 항상 다른 세력들이 롬바르디아에 개입하는 것을 방지할 수 있었을 것이다. 만약 그들 스스로가 롬바르디아의 패자가 되는 일이 아니라면 결코 개입을 허용하지 않았을 것이다. 그리고 다른 세력들도 롬바르디아를 프랑스로부터 빼앗아 일부러 베네치아에게 넘겨주려고 하지 않았을 것이며, 프랑스 및 베네치아 양국을 상대로 정면충돌하려고도 하지 않았을 것이다.

"루이 왕이 로마냐 지방을 교회에 양보하고 나폴리 왕국에 스페인을 끌어들인 것은 전쟁을 회피하려는 데 그 이유가 있지 않겠는가?"라고 묻는다면 나는 앞에서 제시한 바 있는 주장으로 대답하겠다. 즉 사실상 전쟁은 피할 수 있는 것이 아니라 지연될수록 단지 당신에게 불리하게 작용하는 것에 불과하기 때문에 전쟁을 피하기 위해서는 화근이 자라는 것을 결코 허용해서는 안 된다는 것이다.

만약 다른 사람들이 루이 왕의 정책에 대하여 왕이 자기 결혼의 취소와 루앙의 모자(추기경의 모자)를 얻기 위해 교황과 맺어진 전쟁협력의 약속[18]을 충실히 이행했을 따름이라고 그를 옹호한다면, 나는 나중에 군주는 약속을 어떻게 지켜야 하는가에 관해 논의할 때 그 주장에 대해서 대답할 것이다.

루이 왕은 영토를 점령하고 유지하고자 하는 자들이 따라야 할 정책들을 준수하지 않았기 때문에 롬바르디아를 **빼앗**기고 말았다. 그리고 이러한 사태는 이상할 것이 없으며 도리

---

18) 알렉산더 교황은 로마냐를 점령하는 대신 루이 왕과 몇 가지를 약속했다. 루이 왕의 이혼 허가, 그의 재상에게 추기경 자리를 부여, 로마냐를 점유, 그의 아들 보르자에게 남부 프랑스의 발렌티노의 백작의 직위 부여 등을 약속 받았다.

어 당연한 결과라 할 수 있다.

그런데 이 문제에 관해 덧붙여 이야기할 것이 있다. 알렉산더 교황의 아들인 체사레 보르자, 통칭 발렌티노 공작이라 불리는 그가 로마냐 지방을 점령했을 당시 나는 루앙의 추기경[19]과 낭트에서 만나 이 문제를 논의한 적이 있었다. 그때 루앙의 추기경이 "이탈리아인들은 전쟁을 이해하지 못한다"고 했을 때, 나는 "프랑스인들은 정치를 이해하지 못한다"고 반박했다. 왜냐하면 그들이 정치를 이해했더라면 로마교회 세력이 그렇게 큰 권력을 획득하는 것을 결코 용납하지 않았을 것이기 때문이다.

또한 경험으로 비추어 보더라도 로마교회와 스페인이 이탈리아에서 비대해진 것은 프랑스 때문이었다는 점이 명백하다. 다시 말하자면 프랑스의 퇴보는 그 나라들 때문이었다.

이로부터 우리는 이것에 관한 일반 원칙을 도출할 수 있으며, 그것은 명백한 진리일 것이다. 즉 타인을 강하게 만드는 자는 자멸을 가져올 뿐이라는 것이다. 타인의 세력은 술책이

---

19) 루앙 대주교로 루이 왕의 재상이다.

나 힘을 통해 증대되는데, 이 두 가지는 그로 인해서 강력해
진 자가 두려워하는 것이기 때문이다.

제4장_ 알렉산더 대왕이 정복한 다리우스 왕국에서
그가 죽은 후
후계자를 둘러싼 반란이 왜 없었는가

　새롭게 얻은 영토를 보존하기가 얼마나 어려운 일인가를 고찰한 후 알렉산더 대왕의 업적을 돌이켜 볼 때 우리는 다음과 같은 사실에 놀라지 않을 수 없다.

　대왕은 불과 몇 년 사이에 중근동(중동과 근동지역)지방의 지배자가 되었다. 그러나 그는 새로운 영토에 대한 완전한 지배체제를 확립시키기도 전에 세상을 떠났다. 이런 곳에서는 자연히 반란이 있었을 것이라고 생각할 법하다. 그러나 그의 후계자들에게는 영토를 유지하는 데 아무런 어려움이 없었고, 단지 그들 자신의 야심에서 비롯된 어려움만이 있었을 뿐이었다. 그 이유는 무엇일까?

이 문제를 설명하기 위해서는 역사상에 알려진 모든 군주 국들이 단 두 가지 통치술 중 하나를 취해 왔다는 점을 상기할 필요가 있다. 하나는 한 명의 군주가 사실상 그의 가신들, 곧 그의 은덕과 임명을 통해서 국정을 보좌하는 사람들의 도움을 받아 통치하는 것이다. 다른 하나는 한 명의 군주와 그 밑에 있는 봉건제후에 의해 국가를 다스리는 것이다.

제후들은 군주와 독립되어서 세습적인 권리를 통하여 자기의 위치를 확보하고 있다. 이런 경우 제후는 각자 자기의 영토와 신민을 보유하고 있다. 그 신민들은 그들을 주인으로 모시고 자연스럽게 그에게 충성을 바친다. 그러나 이와 달리 군주와 신하에 의하여 직접 통치되는 국가에서 군주는 보다 많은 권위를 누린다. 전 영토에 걸쳐서 군주 이외에는 주인으로 인정되는 자가 없기 때문이다. 비록 신민들이 다른 사람들에게 복종한다고 해도 이는 그들이 단지 군주의 신하이거나 관리이기 때문이지 개인적으로 그들에게 충성하기 때문이 아니다.

이러한 두 가지 형식의 통치유형의 실례로 투르크와 프랑스를 들 수 있다. 투르크는 한 사람의 통치자에 의해 다스려지고 있으며 다른 사람들은 모두 그의 가신에 불과할 뿐이다.

왕은 그 나라를 여러 행정구역으로 분할하여 그곳에 다양한 행정관을 파견하고, 그가 원하는 바에 따라서 그들을 교체하거나 이동시켜 지배하고 있다.

이와는 달리 프랑스 왕은 세습된 수많은 봉건영주에 의해 보좌를 받았다. 이 영주들은 각자의 영내에서는 주권자로 군림했으며 신민은 그를 주인으로 섬겼다. 이들은 이들 나름대로의 고유한 세습적인 특권을 가졌으며, 그 특권은 국왕일지라도 함부로 건드리지 못하게 되어 있다. 따라서 이 두 유형의 나라를 비교해 고찰하면, 투르크는 정복 시의 어려움은 더할지 모르지만 일단 정복한 후에는 용이하게 통치할 수 있다. 반면에 프랑스와 같은 국가는 정복하기는 쉽지만 유지하기는 매우 어렵다.

투르크를 정복하기 어려운 이유는 그곳에서는 국내의 귀족들이 외국으로부터 지원을 구할 가능성이 없다는 것이 그 첫째이고, 군주 측근에서 배반자가 생겨 외부 침입이 용이하게 될 리 없다는 것이 둘째 이유이다. 이 사실은 앞에서 말한 정치형태의 차이에 기인하는 것이다.

신하란 통치자에게 완전히 예속되어 있고, 통치자가 임명하여 그 자리에 오른 이들이기 때문에 그들을 타락시키는 것

교황 클레멘스 7세
로렌초 일 마니피코의 조카, 교황 레오 10세의 사촌.
그의 우유부단함은 샤를 5세의 로마 약탈을 용인하
여 르네상스를 끝나게 했으며, 그 대가로 피렌체 공
화국을 멸망시키고 메디치가 지배하는 공국을 세웠
다. / 나폴리, 국립박물관

은 여간 어려운 일이 아니다. 설령 외부세력에 의해 타락한
자가 생겼다고 하더라도 국민을 동조시킬 수는 없으므로 내
부로부터의 반란을 기대하기는 어렵다.

그러므로 투르크를 공격하려는 자는 먼저 적이 일치단결하
여 저항할 것을 염두에 두어야 한다. 그리고 적의 분열을 기
대하지 말고 자신의 군대를 신뢰해야 한다. 그러나 일단 승리
를 거두고 적에게 재기할 수 없을 정도의 결정적인 패배를 가
했다면, 군주의 가문을 제외하고는 더 이상 어떠한 장애물도
남아 있지 않을 것이다.

따라서 군주의 가문을 말살하여 국민의 지팡이를 없애 버

리기만 하면 두려워할 상대는 존재치 않게 된다. 이리하여 정복자가 그의 승리 이전에 그들로부터 어떠한 도움도 기대할 수 없었던 것과 마찬가지로 전승 후에는 그들을 그다지 두려워할 필요가 없게 된다.

그러나 프랑스와 같은 식의 정치를 하는 국가에서는 이와 반대 현상이 나타난다. 그곳에는 항상 불만을 품은 세력과 변혁을 뒤쫓는 무리들이 있기 때문에 그들만 자기편으로 만들면 침입은 용이하다. 이미 제시한 이유들로 인해서 그들은 전투를 지원하여 승리를 얻도록 도와줄 것이다.

그러나 그 나라를 통치하려는 단계에 들어가면 그때까지 당신을 도운 무리들과 침략으로 인해서 고통을 당한 자들로부터 무수히 많은 문제가 속출해 시련을 겪게 될 것이다. 더욱 곤란한 것은 이들 뒤에 새로운 반란을 일으킬 지도자 격인 여러 영주가 도사리고 있기 때문에 군주 가문의 혈통을 단절시키는 것만으로 문제는 해결되지 않는다는 점이다. 이런 이유들로 불만세력을 만족시키지도 못하고 없애버릴 수도 없기 때문에 상황이 불리해지면 군주는 언젠가는 다시 그 나라를 빼앗긴다.

이제 다리우스[20] 왕국이 어떤 정치형태를 가졌는가를 살펴보면 투르크의 그것과 흡사하다는 것을 발견하게 될 것이다.

알렉산더 대왕은 다리우스 왕과 정면충돌하여 그의 땅을 빼앗을 수밖에 없었다. 그리하여 다리우스가 죽고 전쟁이 끝난 후 알렉산더는 앞에서 말한 이유에 따라서 확실하게 자신의 권력을 유지할 수 있었다. 만약 그의 후계자들만 상호 결속하였다면 자신들의 권력을 순조롭게 유지할 수 있었을 것이다.

왜냐하면 그 왕국에서 일어난 분규란 단지 내부 불화로 비롯된 것이었기 때문이다. 이처럼 순탄한 통치는 프랑스와 같은 정치형태를 채택한 나라에서는 기대할 수 없는 것이다.

바로 이러한 사실은 스페인, 프랑스 및 그리스에서 로마를 반대하여 빈번한 반란이 일어났던 이유를 설명하고 있다. 왜냐하면 이러한 나라에는 많은 공국들이 있었기 때문이다. 이런 반란이 계속되는 한 로마인들은 영토 확보를 확신할 수 없어 불안을 느꼈다. 그러나 로마제국의 세력이 계속 팽창하고 통치가 장기화됨에 따라 그 기억들이 퇴색되었을 때, 이 지역에 대한 로마인들의 확고한 지배 기반이 이루어질 수 있었다.

그 후 로마제국이 자중지란에 빠졌을 때 파벌의 각 지도자

---

20) 다리우스 2세는 알렉산더 대왕에게 패배한 고대 페르시아의 마지막 왕이다.

들은 자신들이 거기서 획득한 권위에 따라서 이 나라들의 지역을 지배할 수 있었다. 그리고 이 지역에서 예전의 지배자들의 혈통이 단절되었기 때문에 로마인은 쉽사리 지배자로서의 지위를 인정받게 되었다.

  이상의 모든 것을 결론지어 생각해 본다면, 알렉산더 대왕이 근동지방의 점령지를 용이하게 통치할 수 있었던 사실과 피루스[21]나 다른 여러 군주들이 어렵게 정복지를 통치한 사실에 관해서는 의아스럽게 생각할 필요가 없다. 이처럼 상반된 차이는 정복자의 역량에 따른 결과라기보다 정복된 지방 각각의 특성 차이에 기인한 것이다.

---

21) 알렉산더 대왕의 친지, 남부 이탈리아를 정복했다. 그러나 그의 통치는 큰 어려움을 겪었다.

제5장_ 점령되기 이전의 자신의 법에 따라 살아온 도시나 국가를 다스리는 방법

앞 장에서 언급한 것처럼 주민들 자신의 법률에 따라 자유스럽게 생활하는 것에 익숙해진 국가를 점령했을 경우, 그 나라를 안전하게 다스리는 데는 세 가지 방법이 있다. 첫째 방법은 그들의 정치제도를 완전히 없애버리는 것이다. 둘째는 그곳으로 새로운 지배자인 자신이 이주해 직접통치를 실시하는 것이다. 셋째는 그들에게 자신들의 법률에 따라서 계속해서 예전처럼 살게 하는 대신 연공을 바치게 하고 당신과의 지속적인 우호관계를 유지하는 과두정부를 수립하는 방법이다.

이 과두정부는 새로운 군주에 의해서 수립되었기 때문에 군주의 호의와 영향력을 잃어버리는 날에는 자신들의 존속이 문제되므로 전력을 다하여 그 나라를 잘 다스리려고 노력할 것임에 틀림없다. 만약 정복자가 독립을 누리고 자유로운 제도를 운용하는 데 익숙한 도시를 다스리고자 한다면 그 시민들을 이용하여 다스리는 방법보다 더 쉽게 그 나라를 유지할 수 있는 방법은 없을 것이다.

그 실례는 스파르타인과 로마인들이 보여주었다. 스파르타인은 과두정부를 수립하여 아테네와 테베를 통치했다. 그 후 스파르타인들은 이 지방을 모두 상실했지만 로마는 카푸아, 카르타고, 누만티아를 점령했을 때 이곳들을 모두 파멸시켰고, 그 결과 그 나라들을 결코 빼앗기지 않았다.

그러나 이런 로마인이 그리스를 점령했을 때에는 스파르타인이 한 것과 유사한 방법으로 그 지방에는 자치를 허용하고 스스로의 법제도하에서 살도록 하였고 결국 성공하지 못했다. 그리하여 로마인들은 자신의 지배를 관철시키기 위해서 그리스의 많은 도시들을 파괴시키지 않으면 안 되었다. 이런 경우에는 도시를 파괴하는 것이야말로 지배를 확보하는 확실한 해결책이라 볼 수 있다.

다시 말하면 자유로운 생활양식에 익숙해진 도시나 국가를 지배하는 자는 그 도시를 파괴해 버리지 않으면 도리어 이들에 의해서 자신이 파멸될 것을 각오해야 한다. 왜냐하면 이러한 도시는 자유란 이름 아래, 또는 고래의 생활과는 다르다는 명목 아래 항상 반란을 일으킬 수 있기 때문이다. 반란의 씨앗은 세월이 흘러 시민들이 새로운 통치자에게서 이득을 얻고 있을 때에도 결코 그들의 뇌리를 떠나지 않는다.

군주가 무엇을 하든지, 어떠한 조치를 취하든지 내분을 조장하거나 주민들을 분산시켜 놓지 않으면 그들은 결코 잃어버린 자유와 그 제도를 망각하지 않을 것이다. 그들은 기회가 있을 때마다 반항하려고 할 것이다. 피사가 100년 동안이나 피렌체의 통치하에 있으면서 그렇게 했던 것처럼[22] 유리한 기회를 포착하자마자 즉시 이를 회복하고자 반란을 꾀할 것이다.

반대로 도시와 국가들이 어느 한 군주의 지배하에서 살아가는 것에 익숙해져 있을 때, 그 군주의 혈통이 끊어지면 주민들은 전임 군주를 잃는다. 그들에게는 복종하는 습성이 남아 있지만 다른 누구를 군주로 추대할 수도 없고, 그렇다고 자치제를 가질 수도 없으며, 무기를 들고 새로운 지배자에게 대항하지도 못한다. 따라서 새로운 지배자는 쉽게 그들의 지

---

22) 1405년이래 피사는 피렌체 지배 하에 있었다. 그러나 그들은 1494년 프랑스의 힘을 얻어 반란을 일으켰다.

지를 확보할 수 있고, 그 지방을 통치할 수 있게 된다.

그러나 공화정치를 해오던 도시의 경우는 다르다. 시민들은 쉽게 자유를 잊지 않으며 실제로 잊을 수도 없기 때문에 지배자에 대한 증오와 복수에 대한 강렬한 집념이 있게 마련이다. 이런 경우에는 그 나라를 파괴해버리거나, 군주가 직접 그곳에 살면서 통치하는 길밖에 다른 안전책은 없다.

제6장_ 자신의 무력과 능력으로 획득한
새로운 군주국

   군주와 새로운 국가에 대하여 논의함에 있어서 내가 위대한 인물의 실례를 들어가며 이야기한다고 해도 이는 그다지 놀랄 만한 일이 아니다. 사람들은 항상 선인들의 행적을 따르며, 모방이야말로 인간행동의 지도적 원리이기 때문이다.

   그러나 선인들의 행적을 답습하는 일이나 모방하고자 하는 인물들의 능력에 필적하는 일이 항상 가능한 것은 아니기 때문에 신중한 사람은 탁월한 인물들의 방법을 따르거나 뛰어난 업적을 남긴 인물을 따르며 모방한다. 자기의 역량이 그 인물의 역량에 도달하지는 못할지라도 적어도 그것에 근접하고자 노력한다.

사보나롤라의 화형식
1500년경 익명의 작가 작품, 피렌체, 성 마르코 박물관

　그것은 노련한 궁사와 같이 행동하는 것이다. 궁사가 활을 쏠 때 그 목표물이 아주 멀리 떨어져 있어서 활로는 도저히 쏠 수 없음을 자각하면 그는 목표보다 훨씬 높은 곳을 겨냥한다. 그것은 높은 곳을 화살로 맞히기 위한 것이 아니라 미리 높이 겨냥함으로써 가능한 그 목표물 가까이에 화살이 떨어지도록 하려는 것이다.

　그렇다면 새로운 군주국을 다스리는 것은 새로운 군주의 역량에 달려 있다고 말할 수 있다. 일개 시민인 자가 군주가 된다는 것은 그가 유능하거나 행운을 누린다는 것을 전제하기 때문에, 이 둘 중 어느 한 요소가 얼마까지는 어려움을 더는 데 상당한 도움이 되었을 법하다.

그러나 그가 행운에 의존하는 일이 거의 없다면 자신의 지위를 더욱 훌륭하게 유지할 것이다. 또한 그가 다른 영토를 갖고 있지 않기 때문에 새 점령지에 직접 거주하면서 다스려야 한다면 더욱 안심이 된다.

행운에 의하지 않고 자기 역량으로 군주가 된 인물들 중에서 탁월한 인물로 모세, 키루스, 로물루스, 테세우스[23]를 예로 들 수 있다.

그들 중 모세는 신의 명령에 따라 행동한 사람이었기 때문에 여기에서 논의할 대상이 되지 않을지도 모른다. 그러나 그는 신의 은총으로 신과 대화를 나눌 수 있는 인물로 간택되었다는 사실만으로도 칭송의 대상이 될 수 있다.

앞에서 말한 다른 인물들 역시 그들의 행동과 규율을 고찰할 때 위대한 신을 섬겼던 모세와 다름없을 정도로 훌륭한 왕이었다는 것을 알 수 있다. 그러나 그들의 행적과 생애를 검토해보면, 그들은 자신이 생각한 최선의 형태를 실제로 빚어낼 좋은 기회를 가졌었다는 것 이외에는 별다른 것이 없다.

---

23) 페르시아 왕 키루스만이 실제의 인물로 다른 세 사람은 전설적이거나 신화적인 인물이다.

이 기회는 그들에게 재료가 되었을 뿐 그 재료를 가지고 작품을 만든 것은 그들 자신이었다. 다시 말하면 이러한 기회는 그들에게 위대한 정신력을 불어넣어 주었다. 그러나 그들에게 그러한 역량이 없었다면 기회는 수포로 돌아갔을 것이다.

이런 뜻에서 이스라엘인들이 노예상태에서 벗어나 모세를 따라 이집트를 떠난 사실 이면에는 이스라엘인들의 수난과 모세의 결의라는 원동력이 있었다. 마찬가지로 로물루스가 로마의 국왕이 되고 로마제국의 건설자가 될 수 있었던 것은 그가 알바에서 태어나자마자 즉시 버림받았기 때문이다.

키루스 왕의 경우도 역시 메디아인들의 지배에 불만을 품은 페르시아인과의 오랜 평화로 인해서 유약해져 있었다. 그리고 테세우스도 분열된 상태의 아테네인이 그의 역량을 발휘할 기회를 주었다. 이러한 기회들이야말로 위대한 인물들로 하여금 자신의 업적을 성공적으로 달성하게 이끌었고, 그들이 지닌 비범한 능력이 그들로 하여금 이러한 기회를 포착하고 활용하게 한 것이다.

그 결과 그들의 나라는 영광을 누리며 크게 번영할 수 있었다. 그들처럼 자신의 능력으로 군주가 된 인물들은 권력을 얻기까지 여러 가지 시련을 겪지만 일단 권력을 쥐면 쉽게 유지한다.

그들이 나라를 얻는 과정에서 겪는 시련은 부분적으로 자신의 권력을 확고히 하기 위해서 새로운 제도와 법률을 도입하는 데서 비롯된다. 새로운 형태의 정부수립을 주도하는 행위는 매우 어렵고 위험하며, 성공하기 힘들다는 점을 깨달을 필요가 있다. 그 이유는 구 질서 아래서 편히 살던 모든 사람들이 혁신적인 인물에게 반대하는 한편, 새로운 질서로부터 이익을 얻게 될 사람들은 소극적인 지지자로 남아 있기 때문이다.

사람들은 확고한 결과를 직접 확인하기 전에는 새로운 것들에 의구심을 품는다. 새로운 집권층과 제도가 미온적인 지지만을 받는 이유는 이러한 인간의 회의적인 속성 때문이다. 그 결과 변화에 반대하는 세력들은 혁신자를 공격할 기회가 있으면 언제나 온 힘을 다하여 공격하는 데 비해 그 지지자들은 반신반의하며 행동하는 데 그친다. 그러므로 혁신자와 그 지지자들은 커다란 위험에 놓이게 마련이다.

이 문제를 좀 더 깊이 파고들어 가기 위해서는 개혁을 시도하는 군주가 자력으로 행동하는지 아니면 타인에 의존하는지를 검토할 필요가 있다. 그것은 군주가 원조 없이 자력으로 일을 처리할 수 있느냐 없느냐의 문제이다. 원조를 필요로 하

수도사 사보나롤라
피렌체 공화국을 광신적인 신권정치로 몰고 갔
으며, 프랑스 샤를 8세의 이탈리아 침입을 열렬
히 환영하여 교황 알렉산더 6세 및 이탈리아 각
국의 속을 썩인 수도사로 화형에 처해졌다. /프
라 바르톨로메오 作, 피렌체, 성 마르코 박물관

는 경우의 목적달성은 비관적이며, 자력에 의한 경우는 비교
적 궁지에 몰릴 위험성이 적다고 볼 수 있다.

따라서 무기를 든 예언자는 모두 승리를 거둔 반면 말뿐인
예언자는 실패했다. 이러한 결과는 이미 언급한 이유 외에도
민중이 변덕스럽기 때문에 일어난다. 그들을 설득시키기는
쉬우나 그 상태를 유지하기란 쉽지 않기 때문이다. 그들이 당
신과 당신의 계획을 더 이상 믿지 않을 경우에는 힘으로라도
그들이 믿도록 강제해야 한다.

모세, 키루스, 테세우스, 로물루스가 무력을 갖고 있지 않
았다면 그들은 자신이 만든 새로운 질서에 대한 복종을 오랫

동안 확보하는 데 실패했을 것이다. 오늘날에도 사보나롤라 신부[24]의 예가 이를 잘 말해주고 있다. 신부를 신뢰하던 국민들이 그를 믿지 않게 되자마자 그는 자기가 만들어 놓은 새로운 제도와 함께 몰락하고 말았다. 그는 그를 믿지 않았던 자들을 설득할 수단을 갖고 있지 못했을 뿐더러 그를 믿었던 자들의 지지를 유지시킬 수단도 갖지 못했던 것이다.

따라서 이와 같은 개혁자들은 행동할 때 많은 시련을 겪어야 한다. 그들이 자신의 계획을 실행하기 시작한 후에는 모든 위험요소들이 닥쳐오며 시간이 갈수록 그것은 더 가중된다. 그들은 그것을 자신의 능력을 통해 극복해야만 한다.

그러나 일단 이 위기를 넘겨 성공을 하면 그는 존경을 받게 되고, 자기의 성공을 시기하는 자들을 섬멸한 후에는 강력하고 확고한 세력으로 자리 잡고 안정되어 명예와 번영을 이룩한 지도자로 남게 된다.

그 실례로써 시라큐스의 히에론 왕[25]이 있다. 그는 앞의 예

---

24) 피렌체에 신성정치를 주장한 광신적인 성직자. 후에 화형 당함.
25) 기원 3세기, 시라큐스에서 전제정치로 선정을 함. Hieron 1세이다.

와 비교되지는 않지만 상응하는 점이 있기에 여기서 그를 언급하려고 한다.

그는 평민으로 태어나 시라큐스의 군주가 되었다. 그가 좋은 기회를 갖게 되었다는 것 이외에 그의 성공은 전혀 행운에 근거하지 않았다. 시라큐스인들이 절망적인 위기상황에 처했을 때 그는 대장으로 뽑혔으며, 자신의 직무를 성공적으로 수행하여 군주가 되었다.

그리고 자신의 사적인 생활에서도 그는 대단한 능력을 발휘하였다. 그에 관해서 "군주로서 다스릴 나라가 적었을 뿐이다."[26]라고 어떤 역사가의 기록이 전해 내려올 정도이다.

그는 새로운 군대제도를 확립시켰으며, 예전의 동맹을 파기하고 새로운 동맹을 체결했다. 이러한 우방의 동맹들을 토대로 그는 여러 가지 큰 사업을 할 수 있었다. 그는 나라를 손에 넣기 위해 여러 가지 시련을 겪었지만 자기 손에 들어온 나라를 다스리는 일에는 그다지 애쓸 필요가 없었다. 따라서 그에게 어려운 일이란 권력을 얻는 것이었지, 유지하는 것이 아니었다.

---

26) 도리쿠스의 『피리피카의 역사』에서 인용.

제7장_ 외국의 무력과 호의로 획득한
       새로운 군주국

보통 시민이었다가 운이 좋아 군주가 된 사람은 비교적 쉽게 그 지위에 오른 셈이지만, 그 지위를 유지하는 데는 많은 어려움을 겪게 된다. 그들은 날개를 달고 여행하는 것과 다름 없기 때문에 그 과정에는 아무런 어려움이 없었다. 그러나 모든 시련은 그 자리에 올라간 후에 발생한다. 이것은 국가나 영토를 금전으로 사거나 타인의 호의로 군주가 된 자들의 경우도 마찬가지이다.

이와 같은 예는 그리스에서 많이 찾아볼 수 있다. 다리우스 왕은 자신의 안보를 확실히 하고 영광을 드높이기 위해 이오니아와 헬레스폰누스의 여러 도시국가에 군주를 임명했다.

다른 사례로는 일개 시민이 군대를 매수하여 지배자의 자리에 오른 황제의 경우를 들 수 있다.

이런 자들의 지위는 그를 군주로 만든 자들의 호의와 운명에 전적으로 달려 있는데 이 두 요소야말로 지극히 불확실하고 불안정하다. 이런 사람들은 자신의 지위를 유지할 수 있는 지식과 능력이 결여되어 있다. 대단한 지식과 능력을 가지고 있지 않는 한 공직생활에 대한 직접적인 경험이 결여된 사람이 국가를 다스리는 방법을 알 것이라고 기대하기란 어렵다.

이들에게는 마음대로 명령할 수 있는 헌신적이고 충성스러운 세력의 뒷받침이 없기 때문에 능력 또한 결여된다. 게다가 빨리 성장한 국가는 급하게 성장한 식물처럼 충분히 뿌리를 내리고 줄기와 가지를 뻗을 여유가 없기 때문에 최초로 맞이하는 악천후라는 역경에 의해서 쓰러지고 만다.

이러한 사태는 별안간 군주가 된 자들이 갑자기 자기에게 떨어진 운이나 호의가 가져다준 것으로부터 이득을 취할 능력을 가지고 있고, 자신의 권력을 보존하기 위해 신속한 대책을 강구하는 법을 알고 있어서 다른 사람들이 군주가 되기 전에 토대를 구축하지 않는 한 일어나게 마련이다.

군주가 되는 두 가지 방법, 즉 자기역량에 의한 것과 단순히 행운에 의한 것의 실례를 들기 위해서 나는 최근의 사례

두 가지를 말하고자 한다. 그 예는 프란체스코 스포르짜와 체사레 보르자의 이야기이다.

전자인 프란체스코는 적절한 평가와 자기 자신의 대단한 능력을 이용하여 평범한 시민에서 밀라노 군주가 되었다. 그가 그곳을 손에 넣기까지 수많은 시련을 겪었지만 지위를 유지하는 데는 그다지 큰 어려움이 없었다.

그와는 반대로 흔히 발렌티노 공이라 불리는 체사레 보르자는 그 지위를 부친의 호의와 조력으로 얻었으나 그것이 다하자 지위를 잃고 말았다. 그는 타인의 힘과 호의로 얻은 영토에 자신의 뿌리를 내리기 위해서 가능한 모든 수단을 동원하며, 신중하고 유능한 사람이 해야 할 모든 일들을 수행했지만 결국엔 그렇게 되었다.

여기에서 내가 말하고자 하는 것은 아무리 뛰어난 능력을 가지고 있다고 해도, 초창기에 스스로 자신의 토대를 구축하지 않는 자에게는 그 능력을 펼치는 과정이 수많은 시련을 안겨주며, 그렇게 구축된 구조물들도 매우 불안하다는 것이다. 모름지기 인간은 일찍부터 기초를 닦아야 한다. 뒤늦게 그것을 만들려면 몇 배의 노력이 필요하다. 건축가의 어려움은 물론이고 지어진 건물 자체도 튼튼한 것은 못된다.

발렌티노 공의 발자취를 고찰하면 그는 자기 세력을 구축하기 위해 훌륭한 기초를 닦았다는 것을 알 수 있다. 내 생각으로는 신생군주에게 제공할 만한 모범적인 지침으로 그의 활동보다 더 훌륭한 것이 없으므로 그를 논하는 것이 무의미하지는 않다. 그리고 그의 노력이 종국에는 실패했지만 그 실패는 전적으로 예외적이고 악의적인 운명의 일격에 의한 것이었기 때문에 그를 탓해서는 안 될 것이다.

　알렉산더 6세가 자기 아들인 발렌티노 공을 군주로 키우려고 마음먹었을 때, 그는 당장은 물론이며 장래에도 많은 적이 있을 것임을 인지했다. 따라서 그는 아들을 교회령의 일부가 아닌 지역의 군주로 만들 수 있는 방안을 강구할 수밖에 없었다. 그렇다고 그가 교회령의 일부를 빼앗으려 한다면 밀라노 공작과 베네치아 공화국이 이를 묵인할 리 없었다. 파엔자와 리미니는 이미 베네치아의 보호하에 있었다.
　이 문제뿐만 아니라 알렉산더는 그가 이탈리아에서 이용할 수 있을 만한 병력이 교황의 세력이 강대해지는 것을 가장 두려워하는 세력들에게 장악당했다는 점을 알았다. 모든 군사력을 오르시니와 콜론나 양가의 추종자들이 장악하고 있었기 때문에 그는 그 병력을 믿을 수 없었다.

알렉산더 6세
알렉산더 6세는 네포티즘의 화신이었다. 거리낌없이 자신의 아들들을 교회의 주요한 인사에 배치시키고, 자신의 권력을 굳혀 나갔다.

　따라서 기존 국가의 영토 중에서 일부분만이라도 차지하기 위해서는 이탈리아에 혼란의 씨앗을 뿌려서 근본이 흔들리게 함으로써 그가 바라는 목적을 달성해야만 했다. 이때 마침 베네치아가 다른 이유로 프랑스군을 재차 이탈리아로 끌어들이려는 모략을 꾸미고 있었기 때문에 여러 국가에 혼란을 초래하기에는 좋은 기회였다.

　따라서 교황은 베네치아의 계획에 반대하지 않았을 뿐만 아니라 도리어 루이 왕에게 이혼을 허락함으로써 이 일을 촉

진시켰다. 그러자 프랑스군은 베네치아와 교황의 지원을 얻어 이탈리아에 침입했다. 루이 왕이 밀라노를 점령하자 교황은 로마냐 지방에서 자신의 전투를 수행하기 위해서 프랑스 군대를 인계 받았으며, 루이 왕은 자신의 명성을 위해서 이를 허락했다.

발렌티노 공은 로마냐 지방을 점령한 후 콜론나 가를 쳐부순 다음, 그 영토를 점유해 다시 세력을 확대하려 하였으나 뜻하지 않은 두 가지 걸림돌의 방해를 받게 되었다.

하나는 그가 본인이 이끄는 군대의 충성심에 대해서 의문을 품은 것이고, 다른 하나는 프랑스의 진의를 알 수 없었다는 것이었다.

그가 신임하고 있던 오르시니 파의 군대는 공격 시 말을 듣지 않았을 뿐만 아니라, 그가 더 이상 영토를 점령하는 것을 방해하기까지 했다. 그는 그가 이미 획득한 것마저도 빼앗기지 않을까 염려되었다. 또한 프랑스 왕에게까지 자신이 차지한 영토를 빼앗기지 않을까 두려웠다.

공작은 파엔자를 점령한 후 볼로냐로 진격했을 때 군대가 미온적으로 공격하는 것을 보면서 오르시니 파 군인들의 충성심에 대한 심증을 굳혔다. 이것이 앞에서 말한 걱정의 원인이 되었다. 루이 왕의 진의는 그가 우르비노를 점령한 뒤 토스카나로 진격했을 때 전투를 단념하게 한 것을 보면서 간파할 수 있었다. 그때 발렌티노 공은 더 이상 타인의 무력과 호의에 의존하지 않기로 결심했다.

먼저 그는 로마에서 오르시니와 콜론나 양가에 속하는 지지자들을 돈으로 매수해 자신의 추종자로 만들었고, 그들의 소질에 따라 군사나 정치 임무를 줌으로써 양 파벌의 세력을 약화시켰다. 그 결과 불과 수개월 만에 이 귀족들은 대대로 내려오던 예전의 파벌에 대한 충성심을 버리고 전적으로 공작에게 충성을 바치게 되었다.

그 다음에 발렌티노 공작은 콜론나 가의 지도자들을 분열시키고, 오르시니 가에 대해서도 같은 기회를 노리고 있었다. 마침내 그런 기회가 도래했고, 그는 이를 충분히 활용했다. 오르시니 가의 지도자들은 뒤늦게 공작과 교황의 강력한 세력이 자신들을 파멸시킬 것이라는 것을 깨닫고 페루지아의 마죠네에서 밀회를 가졌다. 이 밀회 이후 우르비노 지역에서의 반란, 로마냐 지방에서의 소동 등 무수히 많은 위험이 공작에게 닥쳤지만 공작은 이 모든 위험을 프랑스군의 도움으로 극복할 수 있었다.

다시 권력을 확립한 공은 더 이상 프랑스 왕을 비롯한 다른 모든 외부세력을 신뢰하지 않았다. 외부세력에게 의존하는 위험을 피하기 위해 그는 속임수를 쓰기 시작했다. 그의 진심을 교묘하게 숨기고 파올로 영주를 통해서 오르시니 가 쪽에서 제의한 화해를 기꺼이 받아들였다. 공작은 파올로를 안심시키려고 매우 정중하고 관대하게 대접하면서 돈과 화려한 옷, 말을 주는 등 갖은 애를 썼다. 그들은 순진하게 이를 믿고 세니갈리아에 와서 공작의 세력으로 들어갔다.

이러한 방법으로 그는 지도자들을 죽이고 그 추종자들을 자기편으로 포섭한 후 매우 확고한 자신의 권력기반을 마련했다. 공작은 우르비노 공국과 더불어 로마냐의 전 지역을 장악했고, 특히 로마냐 지방민들이 그의 새로운 지배하에 번영을 누리게 되자 민심이 그를 따르고 지지하게 되었다고 믿게 되었다.

그가 지방민을 위해 실시한 일들은 주목할 만한 가치가 있고, 타인들도 모방할 필요성이 있기 때문에 여기에서 언급하고자 한다.

로마냐 지방을 점령한 공은 그때까지 그 지방이 난폭한 영주들에 의해서 다스려져 왔음을 발견했다. 국민을 올바르게 다스리기는커녕 약탈의 대상으로 삼았고, 그 때문에 단결이

아닌 분열이 그 지역의 근원으로 자리 잡고 있다는 것을 알아
냈다. 그 결과 이 지방에서는 싸움이 그칠 날이 없었고, 온갖
종류의 분규가 난무하고 있었다.

그는 그 지역의 질서를 바로잡아 평화를 되찾고 군주의 권
위에 복종하게 하기 위해서 선정을 베풀어야 한다는 것을 깨
달았다. 따라서 그는 잔인하지만 유능한 인물인 레미로 데 오
르코[27]를 그 지방에 파견하고 전권을 위임했다. 레미로는 단
시일 내에 질서와 평화를 회복했으며, 가공할 만한 평판을 얻
었다.

그 후 공작은 그의 지나치게 큰 권한이 국민의 반감을 살
염려가 있기 때문에 바람직하지 않다고 생각하게 되었다. 따
라서 공작은 그의 세력을 약화시키기로 하고, 곧 그 지역의
중심부에 저명한 재판장이 관장하는 시민재판소를 설치하고
각 지방에서 선출된 변호사를 두도록 했다.

그는 자신이 취해 온 엄격한 조치로 인해서 그 자신이 시민
들로부터 미움을 사고 있다고 판단했다. 따라서 그 반감을 무
마시키고 민심을 얻기 위해 이때까지 행해진 잔인한 조치는
대리인의 짓이었다는 것을 은근히 보여 주기로 했다.

---

27) 로마나 장관직에 있던 중에 반란죄로 1502년에 처형됨.

드디어 그는 적절한 기회를 포착하여 체세나 광장에 두 토막이 난 레미로의 시체를 피 묻은 칼과 함께 매달아 놓았다. 이 참혹한 광경은 국민의 울분은 풀어주었으나 새로운 공포를 느끼게 하기에 충분했다.

발렌티노 공은 이러한 단계를 거쳐 자신의 군대를 거느리게 되었고, 위험을 가할 수 있는 주변세력을 대부분 격파했기 때문에 매우 강력해졌고 어느 정도 안정을 확보하게 되었다.
그러나 그는 더 많은 영토를 병합하고자 했기 때문에 프랑스 왕에 대해서 매우 조심스러운 태도를 유지했다. 그 이유는 루이 왕이 자신의 과오를 뒤늦게 깨닫고, 이 계획을 용납하지 않으려 할 것이라는 점을 간파했기 때문이다. 그러므로 그는 새로운 지원자를 찾아내야만 했다. 그래서 프랑스군이 가에타를 공격 중인 스페인 군대를 향해 나폴리 왕국에 진격했을 때 미봉책을 쓰기 시작했다. 그것은 프랑스의 세력권에서 벗어나려는 몸부림이었다. 만약 알렉산더 교황이 생존하였다면 그는 그 일을 성공적으로 매듭지었을 것이다.
당면한 문제에 대해서 그는 이와 같은 정책을 지속했으나, 미래의 상황에 관한 그의 주된 두려움은 새로 즉위한 교황이 그에게 적대적이라는 데서 기인했다. 심지어 그는 알렉산더 교황이 그에게 주었던 것을 빼앗기지 않을까 하는 의구심마저 느꼈다. 따라서 그는 다음 네 가지 조치를 취함으로써 이러한 가능성으로부터 자기를 보호하려고 했다.

먼저 그가 빼앗은 모든 영토의 지배자들의 혈통을 근절시켜 교황이 간섭할 구실을 주지 않았다. 둘째로는 이전에 썼던 방법을 사용하여 로마 귀족들을 모두 자기편으로 만들어 그들이 새로운 교황을 견제케 했다. 셋째로 추기경회의를 자기에게 호감을 가지도록 유도했다. 마지막으로 교황의 생존 중에 그의 권력을 크게 확대하여 공격을 받더라도 외부의 도움 없이 물리칠 수 있도록 대비했다.

네 가지 정책들 중 세 가지는 알렉산더 교황의 생존 중에 성취했으며, 네 번째 목표도 거의 달성되어 가고 있었다. 그는 점령한 모든 지방의 지배자 가족을 거의 살해하였고 그들 중 일부만이 겨우 화를 피할 수 있었다. 또 그는 로마 귀족과 대부분의 추기경들을 자기편으로 끌어들였다. 새로운 영토 정복도 순조로워 토스카나 지방의 패자가 되려는 그의 꿈이 실현 직전에 있었다.

프랑스는 나폴리 왕국을 스페인에게 빼앗겼기 때문에 그는 더 이상 프랑스군을 신경 쓰지 않아도 되었다. 그래서 공작은 피사를 점령했고, 이후에는 공작에 대한 두려움과 피렌체에 대한 경쟁의식 때문에 루카와 시엔나가 항복했으며, 결국 피렌체만 궁지에 몰리게 되었다.

그가 이 모든 계획에서 성공했더라면 막대한 군사력과 막강한 명성을 확보했을 것이고, 그렇게 되었을 때 그는 자신의 힘과 능력으로 자립했을 것이다.

그러나 그가 칼을 뽑은 지 5년 만에 알렉산더 교황이 죽었기 때문에 그에게는 단지 로마냐 영토만 확립되어 있었을 뿐, 나머지 영토는 두 개의 강력한 적대세력의 틈바구니에서 허공에 뜨게 되었다. 게다가 그는 심하게 앓아눕게 되었다.

그러나 공은 불굴의 정신과 탁월한 능력을 가졌고, 사람들을 자기편으로 끌어들이거나 격파하는 등 국민을 다루는 법에 통달하고 있었다. 그는 단시일 내에 견고한 토대를 성공적으로 구축했기 때문에 강력한 군사력과 맞서지 않았거나 건강이 양호했더라면 이 모든 난관을 극복할 수 있었을 것이다.

그의 권력의 토대가 얼마나 훌륭했던가는 다음 사실로 입증된다. 로마냐 주민들은 1개월 이상이나 아무 반란 없이 그가 재기하는 것을 기다렸다. 로마에서는 그가 거의 죽어 가는데도 아무런 반란이 없었다. 더욱이 발리오니 가, 비텔리 가, 오르시니 가의 지도자들이 로마에 침입했지만 그들의 반란에 동조하는 사람들은 없었다.

공이 원하는 인물이 다음 교황으로 선출되지는 못했지만, 최소한 그가 반대하는 사람이 선출되는 일 만은 막을 수 있었다. 그래서 알렉산더 교황이 죽었을 때 공이 건강하기만 했다면 모든 일은 잘 풀렸을 것이다. 그리고 율리우스 2세가 교황으로 선출되던 바로 그 날 공은 나에게 이런 이야기를 했다.

그는 자신의 부친이 죽었을 때 일어날 법한 모든 일을 미리 생각해 두었고 그에 대한 대비책도 마련해 놓았는데 그의 부친이 죽을 때 자신에게도 죽음이 임박할 줄은 결코 상상하지 못했다는 것이다.

그의 모든 정책을 검토해 볼 때 그를 비판하고 싶은 마음이 없다. 도리어 그는 상술한 바와 같이 호의나 운 또는 타인의 무력으로 군주가 된 모든 사람들이 귀감으로 삼을 만한 가치가 있는 인물이라고 추천하고 싶다. 왜냐하면 그가 커다란 뜻과 야망을 품고 있었다는 점을 고려할 때 그가 선택한 방법 이외에 다른 길은 있을 수 없었기 때문이다. 단지 두 가지 사태가 그를 좌절시켰는데 그것은 부친의 단명과 자신의 병이었다.

따라서 새로운 군주국에서 다음과 같은 조치가 필요하다고 생각하는 군주는 다른 누구보다도 공작의 행적에서 그 모범을 찾아야 할 것이다. 즉 적에게 효과적으로 대처하는 것, 자기편을 늘리는 것, 힘 또는 속임수로 승리를 거두는 것, 국민으로부터 충성과 두려움을 확보하는 것, 병사에게 명령을 따르게 할 뿐만 아니라 존경을 받는 것, 군주에게 해를 가하거나 가할 수 있는 자들을 말살시키는 것, 낡은 제도를 새롭게 개혁하는 것, 엄격하면서도 정중하고 관대하며 능란한 것, 불충한 군대를 해체하고 새로운 군대를 조직하는 것, 왕이나 영주들에게 존경심을 갖도록 하고 해를 가하는 것을 주저하게 만드는 능력 등을 공작으로부터 배워야 할 것이다.

너무나 생생한 이 모든 실례는 다른 사람들에게서는 찾아볼 수 없는 것이다. 그가 실수한 것이 있다면 단지 율리우스를 교황으로 선출한 것인데 이것은 그야말로 잘못된 선택이었다. 이미 이야기한 것과 같이 그가 비록 자신이 선호한 인물을 교황으로 옹립할 수 없었다고 할지라도 다른 인물이 선출되는 것을 막을 수는 있었다. 그리고 그는 결코 자신이 피해를 입힌 적이 있거나 일단 교황이 되면 자신을 두려워할 만한 추기경이 선출되는 것을 결코 용납해서는 안 되었던 것이다. 왜냐하면 인간은 공포심이나 미움으로 해를 끼치는 일이 흔히 있기 때문이다.

그가 해를 끼친 추기경들이란 빈쿨라 가의 산 피에트로, 콜론나, 산 조르지오, 아스카니오였다. 그 외의 다른 추기경들도 교황이 되면 그를 두려워했을 것이다. 예외로 루앙의 추기경과 스페인 출신 추기경이 그를 두려워하지 않았는데, 전자는 프랑스 왕국의 지지를 등에 업고 있고, 후자는 공작과 우호적인 관계에 있으며 은혜를 입은 적이 있기 때문이었다.

따라서 공작에게 가장 중요한 일은 스페인 출신 사람을 교황 자리에 앉히는 것이었고, 그것이 여의치 못할 경우에는 루앙 추기경이 선출되도록 일을 꾸며야 했다. 무슨 일이 있어도 그는 율리우스를 인정해서는 안 되었던 것이다.

위인들 사이에서 과거에 사무친 상처가 새로운 은혜와 의리로 깨끗이 아물어진다고 믿는 것은 자기기만에 빠지는 과오이며, 이 점에서 공작은 선거에서 치명적인 실수를 범하여 파멸을 자초했다.

제8장_ 사악한 방법으로 군주가 된 사람들

   보통 평민이 군주가 되는 방법에는 다음의 두 가지가 더 있다. 이 방법들은 운이나 역량으로 군주가 되는 것이 아니기 때문에 논의에서 생략하고 싶지 않다. 그리고 둘 중 하나는 공화국을 논의할 때 더욱 상세히 다룰 것이다.

   이 두 가지 방법은 일개 시민이 전적으로 사악한 방법을 이용하여 군주가 되는 것과 동료 시민들의 호의를 받아서 군주가 되는 것이다. 전자의 방법을 검토하면서 고대와 현대의 두 가지 예를 들어 말하려고 한다. 이런 식으로 권력을 잡은 장점에 대해서 직접 논의하지는 않겠다. 왜냐하면 이러한 방식을 따를 필요가 있는 사람에게는 이론보다 모방이 더욱 간편

하기 때문이다.

시칠리아의 아가토클레스는 평민 출신으로 시라큐스의 왕위에 올랐다. 아주 미천한 가문의 태생이며 도공의 아들로 항상 방탕한 삶을 살아왔다. 그러나 그는 그의 악행에도 불구하고 심신의 활력이 넘쳤기 때문에 군대에 들어가서 시라큐스 군대의 사령관이 될 수 있었다.

이렇게 지위를 확보한 후 그는 타인의 힘에 의존하지 않고 무력을 사용하여 모든 것을 자기 손에 쥐겠다고 결심했다. 이 목적을 달성하기 위해서 그는 군대를 이끌고 시칠리아에서 전투를 수행 중이던 카르타고의 해밀카와 음모를 꾸몄다. 어느 날 아침 그는 국정에 관한 중요한 심의가 있다는 구실로 시민과 원로원을 소집하고, 계획대로 모든 의원과 부유층 인사를 학살한 후, 시민의 저항도 받지 않은 채 군주의 자리에 올랐다.

그 후 그는 두 번이나 카르타고 군대에 패했고 급기야는 포위공격을 받게 되었으나, 그 도시를 방어할 수 있음을 보여주었다. 그뿐 아니라 일부 군사만을 남겨 놓고 모든 군대를 동원해 아프리카 본토로 쳐들어갔다. 그리하여 단숨에 카르타고인들의 포위를 풀고 그들을 궁지에 몰아넣었다. 그렇게 되자 카르타고인들은 그와 화해를 맺지 않을 수 없었다. 그 결과 카르타고는 시칠리아에서 손을 떼고 아가토클레스에게 지배권을 넘겨주었다.

아가토클레스의 행적과 생애를 숙고한 사람이라면 그의 성공에 행운이 아무런 영향을 주지 않았음을 알 수 있을 것이다. 그는 남의 힘을 빌리지 않고 갖은 어려움을 이겨내며 군대에서 세력을 쌓았고, 마침내 군주의 자리에 올랐다. 그 후에도 그는 대담하고 무모한 행동을 통해서 권력을 유지했다. 어느 누구의 호의가 아니라 스스로의 힘으로 지킨 것이다.

그러나 시민들을 학살하고, 자기편을 배신하고, 처신에 신의가 없고, 무자비하고, 종교심을 저버린 그의 행위는 도저히 좋게 볼 수 없다. 이런 방법으로 그는 권력을 누릴 수는 있었으나 영광을 차지할 수는 없었다.

그가 위기를 타개하면서 보여준 기개나 역경을 참고 극복하면서 발휘한 불굴의 용맹성은 다른 어떤 무장과 비교해도 아무런 손색이 없다고 판단된다. 하지만 끔찍하게 잔인하고 비인간적인 행동과 무수하게 저지른 악행으로 인해서 그는 훌륭한 인물로 평가될 수 없다. 그렇다면 그가 둘 중 어느 하나에도 의존하지 않고 성취한 것을 운이나 능력 탓만으로 돌릴 수는 없는 것이다.

알렉산더 6세가 교황이던 우리 시대에도 페르모의 올리베로토[28]가 있다. 그는 어려서 부친을 잃고 외삼촌인 죠반니 폴리아니 밑에서 자랐다. 청년 시절에 그는 병법을 익혀서 출세할 목적으로 비텔리 가의 파울로[29]에게 보내져 훈련을 받았다. 그 후 파울로가 처형되자 그의 동생인 비텔로초 밑에서 훈련을 받게 되었다. 그는 재치가 있고 용맹스러웠기 때문에 단시일 내에 비텔로초가 통솔하는 군대의 지도자가 되었다.

그러나 그는 다른 사람의 휘하에 있는 것이 굴욕스럽다고 생각했기 때문에 비텔로초의 지원과, 조국의 자유보다 노예 상태를 원하는 페르모의 일부 시민의 협력으로 페르모를 점령하여 권력을 장악하기로 결심했다.

그는 먼저 외삼촌에게 서신을 보내 오랫동안 고향을 떠나 살았기 때문에 돌아가서 삼촌과 고향을 보고 싶으며, 자기의 유산도 정리하고 싶다고 했다. 그리고 그가 그때까지 노력한 것은 오직 명예를 얻어서 시민들에게 그가 허송세월을 보내지 않았다는 것을 보여주기 위함이며, 명예로운 방법으로 그의 친구와 부하로부터 선발한 100명의 기병을 인솔하여 귀환

---

28) 올리베로토 유푸레두치를 말하며, 이 사건은 1501년 12월에 발생했다.
29) 15세기 후반에 활약한 전형적인 용병대장.

하고 싶다고 말했다.

그리고 그는 죠반니에게 페르모의 시민들이 적절한 예우로 자신들을 영접하도록 준비해 줄 것을 간청했다. 또한 그러한 절차는 단순히 그의 명예뿐만 아니라 양부인 삼촌의 명예도 드높일 것이라고 덧붙였다.

죠반니는 조카를 위해 모든 정성을 다하였고, 시민들은 그를 정중히 맞아들였다. 그는 수일간 죠반니의 저택에 머물면서 흉악한 간계를 꾸몄다. 범죄를 저지르기 위한 만반의 준비를 비밀리에 마친 다음, 그 도시의 상류인사를 모두 초대하여 연회를 베풀었다.

어느덧 음식이 들어오고 여흥이 끝날 무렵, 그는 화제를 돌려 알렉산더 교황과 그의 아들 체사레의 막강한 권력과 다양한 업적들을 말하면서 짐짓 심각한 문제를 거론했다. 죠반니와 다른 사람들 사이에서 그가 한 말에 관한 이야기가 오가자 장내가 소란해졌고, 그는 별안간 자리에서 일어나 이런 이야기는 은밀한 장소에서 논의할 필요가 있다고 제안했다. 그런 다음 그는 별실로 들어갔고, 죠반니와 다른 사람들은 그를 따를 수밖에 없었다. 그들이 방에 모두 들어가자마자 숨어 있던 그의 부하들이 뛰어나와 그들을 모조리 살해했다.

이런 암살을 행한 후 그는 말을 타고 도시를 돌아다니며 주요 관리들을 협박했다. 그들은 공포에 질려서 복종하게 되었고, 올리베로토는 새로운 정부를 구성하여 그 수반이 되었다.

그는 새로운 지배자가 되어 그에게 해를 가할 만한 불평분자들을 살해하고 새로운 민정과 군제를 실시하여 권력을 확립했으며, 권력을 잡은 지 1년 만에 페르모 시에 확고한 기반을 구축했을 뿐만 아니라 인접국가 모두가 그를 두려워하도록 만들었다.

앞에서 말한 대로 오르시니 가의 지도자들과 비텔리가 세니갈리아에서 사로잡혔을 때 올리베로토 역시 체사레 보르자의 간계에 빠지지 않았다면, 그를 축출하는 것은 아가토클레스를 축출하는 것만큼이나 어려웠을 것이다. 결국 그는 1년 만에 존속살인으로 체포되었으며, 선행이건 악행이건 모든 일에 있어 그의 지도자였던 비텔로초와 함께 교살당했다.

그런데 아가토클레스를 비롯한 여러 사람들이 무수한 배신과 잔인한 일을 저지르면서도 어떻게 자신의 나라를 안전하게 오랫동안 통치하고 외적을 잘 방어함은 물론 시민들의 음모에도 걸려들지 않았는지에 관해서 의아스럽게 생각할 사람들이 있을 법하다. 왜냐하면 보통 대다수의 지배자는 잔인한 짓을 저지르면 모든 것이 불확실한 전시에는 물론이거니와 평화 시에도 자신의 권력을 유지할 수 없었기 때문이다.

이러한 차이는 잔인한 조치들이 잘 사용되었는가 또는 잘못 사용되었는가에 의해서 좌우된다고 생각한다. 그러한 조치들이 모두 단번에 저질러졌다면 잘 사용되었다고 말할 수 있다. 왜냐하면 그러한 조치들은 권력을 확립하는 데 필수적이며 그렇게 되면 연후에는 군주가 권력에 집착할 필요가 없기 때문에 신민들에게 가능한 한 유익한 조치들로 전환될 수 있기 때문이다.

잘못 저질러진 조치들이란 처음에는 빈도가 적었으나, 시간이 흐를수록 감소하기보다는 증가하는 경우에 해당한다. 전자의 방법을 존중하는 자는 아가토클레스가 그랬던 것처럼 신과 민중의 도움으로 자신의 위상을 개선시킬 수 있으며, 후자의 방법에 따르는 군주들은 자신의 권력을 유지하기가 힘들다.

이런 점에서 정복자는 국가권력을 탈취한 후에 그가 행할 필요가 있는 모든 참혹한 가해행위에 관해서 결정해야 하며, 여러 차례 행할 것이 아니라 일거에 치르도록 조처해야 한다는 것을 명심해야 한다. 그렇게 하면 그는 절제를 통해서 민심을 수습하고 은혜를 베풀어 민심을 자기편으로 끌어들일 수 있다.

따라서 소심하거나 판단력이 부족해서 이렇게 행동하지 않는 자는 항상 위험에 처하게 된다. 지속적으로 저지르는 가해행위는 신민들에게 결코 안정감을 주지 못하며, 부하들은 군주에 대해 불신을 갖게 되고 또 그런 부하를 군주는 믿을 수 없게 된다.

요컨대 가해행위는 한꺼번에 해치워야 하며 오래 끌지 않음으로써 국민의 반감과 분노를 적게 야기할 수 있다. 반면에 시혜는 국민이 오랫동안 음미하도록 조금씩 나누어주어야 한다. 현명한 군주는 무엇보다도 그의 신민들과 생활을 같이해야 하며, 이로써 무슨 일이든지 우발적인 사태로 인해서 자신의 행위를 수정하지 않아도 될 것이다. 왜냐하면 비상시에는 단호한 조치를 취할 시간적 여유를 갖지 못할 것이며, 그런 상황에서는 군주가 베푼 어떠한 이득도 군주를 돕지 않을 것이기 때문이다. 이러한 이득은 마지못해 베푼 것으로 생각되기 때문에 아무런 힘이 되지 못한다. 누구도 그것을 고맙게 생각하지 않는다.

제9장_ 시민형 군주국

이제 우리는 보통 평민이 악한 짓이나 다른 어떤 폭력행위가 아니라 동료 시민들의 지지에 의해서 군주가 되는 사례를 살펴보기로 하자. 이러한 유형은 시민형 군주국이라고 할 수 있다. 시민형 군주가 되기 위해서는 반드시 능력이나 행운이 필요한 것은 아니며, 오히려 운을 잘 이용하는 영리함이 있어야 한다. 이런 지위에 오르는 데는 국민의 지지에 의한 방법과 귀족의 지지에 의한 방법이 있다고 할 수 있다.

이 두 계층은 어느 도시에나 있다. 국민은 귀족의 지배나 억압을 원치 않는 반면 귀족은 국민을 지배하고 억압하고자 하기 때문에 양자의 대립이 당파싸움으로 나타난다. 도시에 존재하는 상이한 기질의 두 계층으로부터 군주제, 공화제, 그리고 무정부 상태가 나타난다.

군주제는 국민이나 귀족 중 어느 한쪽이 기회를 잡게 됨으로써 만들어진다. 귀족들이 국민의 힘을 견디기 어렵게 될 때 그들 중의 어느 한 사람에게 명성을 집중시켜 추대하여 통치자로 만든다. 그리고 그들 자신들은 그 군주의 보호하에서 각자의 욕망을 충족시키려고 한다.

국민도 귀족에게 대항할 수 없음을 깨달을 때 그들 중 어느 한 사람을 지원하고 추대하여 그를 통치자로 옹립한 다음, 그의 권력 밑에서 자기들을 보호하려고 한다.

그런데 귀족의 지지를 얻어 군주가 된 자와 국민에 의해 선출된 군주를 비교해 볼 때, 전자가 그 지위를 유지하는 것이 훨씬 더 어렵다. 그 이유는 귀족 출신 군주는 스스로 군주와 동등시하는 여러 귀족들이 그 주위에 있어서 그가 원하는 대로 명령을 내리거나 다룰 수 없기 때문이다. 국민의 지지를 받아 군주가 된 사람은 비교적 독립된 입장에 있게 되는데 주위에는 그에게 반대할 인물들이 없거나 있어도 극히 소수에 불과하다.

더욱이 군주가 귀족의 욕망을 채워 주기란 명예와 제삼자를 해치지 않고서는 불가능하지만 민중의 경우는 그렇지 않다. 민중이 원하는 바는 귀족의 그것에 비해 명예롭기 때문이다. 귀족은 권력으로 눌러 억압하고자 하는 것과 달리, 국민은 다만 억압당하지 않는 것만으로 만족하기 때문이다. 게다가 군주는 절대다수를 차지하고 있는 국민들로부터 자신을 결코 보호할 수 없으나, 귀족은 소수이므로 어렵지 않다.

군주가 민중을 적대시할 때, 거기서 오는 최악의 사태는 국민으로부터 버림받는 것이다. 그러나 적대적인 귀족으로부터는 단순히 버림받는 데 그치지 않고, 그들이 군주에게 반역행위를 할 수 있다는 점을 경계해야 한다. 귀족은 선견지명이 있고 교활하기 때문에 자신들의 안전을 위해서는 필요한 대비책을 강구하며, 승산이 있는 자의 비위를 맞추려고 한다.

또한 군주는 늘 같은 국민들과 살아야 하지만 같은 귀족들과 더불어 살 필요는 없다. 그는 원하기만 하면 언제나 군주는 귀족의 작위를 수여할 수도, 폐지할 수도 있다. 그리고 자신이 원하는 바에 따라서 그들의 권력을 증가시키거나 감소시킬 수 있다.

이 점을 더욱 명백히 하기 위해서 귀족에 관해서 중요한 두 가지 고려사항을 염두에 둘 필요가 있다. 먼저, 상대하고 있는 귀족이 군주와 전적으로 운명을 같이할 인물인가 아닌가를 알아야 한다. 그가 군주와 끝까지 같이 행동할 사람이라면 우대하고 존중하며 소중히 다뤄야 한다.

군주에게 확실한 충성을 표하지 않은 귀족에 관해서는 그들의 처신에 깔린 두 가지의 상이한 태도를 구별해서 취급해야 한다. 그중 하나는 소심하거나 결단력이 결여되어 복종하지 않는 자들이다. 이들은 등용하여 활용할 가치가 있는 자들이다. 특히 학식이 많고 영리할수록 더욱 그럴 가치가 있다. 왜냐하면 그렇게 함으로써 번영할 때 그들은 명예를 가져오고, 역경에 부딪힌다고 해도 두려워할 만한 존재가 되지 못하기 때문이다.

또 다른 하나는 야심이 있어 복종하지 않는 자들이다. 그들은 경계해야 하며 마치 공인된 적과 같이 두려워해야 한다. 왜냐하면 그들은 군주가 역경에 처하면 언제라도 그를 파멸시키기 위해서 온갖 수단을 쓸 것이기 때문이다.

국민의 지지로 군주가 된 자는 항상 국민과 우호관계를 유지하도록 노력해야 한다. 국민은 억압당하지 않는 것을 원하며, 그것은 그렇게 어려운 일이 아니다. 그러나 국민의 반대를 무릅쓰고 귀족의 지지에 힘입어 군주가 된 자는 다른 무엇보다도 먼저 민심을 자기편으로 돌리도록 노력해야 된다. 이 일은 국민의 보호자로서 행동하면 비교적 쉽게 성취할 수 있다.

인간이란 자기에게 해를 끼치리라고 생각했던 사람으로부터 우대를 받게 되면 시혜자에게 더욱더 애정을 느끼기 마련이다. 국민들은 그들의 지지로 군주의 자리에 오른 자보다 그에게 더욱더 끌리게 될 것이다.

군주가 민심을 장악하는 데는 여러 가지 방법이 있다. 그것은 그때그때의 상황에 따라 매우 다양해서 일정한 법칙을 만들기 어렵기 때문에 여기서는 생략하도록 한다. 결론적으로 말한다면 군주는 필수적으로 국민을 항상 자기편으로 만들어야 한다는 점을 강조하겠다. 그렇지 못할 경우 역경에 처하게 되고 고립무원에 빠질 것이다.

예를 들어 본다면 스파르타의 군주 나비스[30]는 그리스의 모든 세력과 승승장구하고 있는 로마군의 포위공격을 잘 견뎌 그의 조국을 지키는 데 성공했다. 그것은 그가 위기에 처했을 때 몇 가지의 위험요소만 제거하는 것으로 충분히 해결되었

---

30) 기원전 206~192 : 스파르타의 전제군주.

다. 그러나 그가 평상시 국민을 자기편으로 만들어 두지 않았다면 그것만으로는 충분하지 못했을 것이다.

나의 이러한 견해에 대하여 '국민을 권력의 기초로 삼는 것은 진흙을 밟고 서 있는 것과 같다' 라는 격언을 인용하면서 반박할지 모르나 그것은 부당하기 짝이 없다. 이 말은 한 시민이 자신의 권력을 국민 위에 기초하고 적이나 관리들에 의해서 궁박한 처지에 몰렸을 때 국민들을 믿고 그들이 자기를 구해 주리라고 믿을 때 적합한 말이다.

예를 들어 로마의 그라쿠스 형제나 피렌체의 죠르지오 스칼리가 당했던 것처럼 자신이 국민에게 속은 것을 뒤늦게 깨달을 것이다. 그러나 어떤 군주가 국민을 토대로 하여 권력을 구축하고 그들을 능히 지휘하며 용맹이 뛰어나서 역경에 처해도 절망하지 않으며, 그의 단호한 결의와 정책으로 국민을 이끌어 나간다면 그들에게 배반당하는 일은 결코 없을 것이다. 나아가 자신의 권력이 이미 확고부동한 터전 위에 놓여 있다는 사실을 깨닫게 될 것이다.

그러나 이러한 시민형 군주는 민주제에서부터 전제체제로 변혁하려할 때 중대한 위기에 부딪치게 된다. 보통 시민형 군주는 직접 통치를 하거나 여러 관리를 통해 시민들을 다스린다. 그런데 후자의 경우 군주의 지위는 자신의 관료로 봉사하는 시민들의 선의에 전적으로 의존하기 때문에 약화되거나 위태로워지기 쉽다.

특히 역경에 처할 때 국민들은 반란을 일으키거나 군주에 대한 복종을 거부함으로써 그를 쉽게 권좌에서 몰아낼 수 있을 것이다. 더욱이 역경에 처한 군주는 절대적인 권력을 장악할 만한 충분한 시간이 없다. 왜냐하면 시민이건 신민이건 간에 평소에 관리들에게 복종하는 데 익숙해져 있어서 위기 시에 그에게 복종할 자세가 되어 있지 않기 때문이다. 그리고 고난에 처하게 되면 그는 자신이 의지하고 신뢰할 수 있는 사람들이 부족함을 느끼게 될 것이다.

이러한 군주는 평화시, 즉 시민들이 그의 정부를 필요로 했을 때 보여주었던 바에 의지할 수 없다. 왜냐하면 평화 시에는 모든 사람이 몰려들고 누구나 충성을 맹세하며 헌신적이다. 죽을 가능성 또한 희박하기 때문에 군주를 위해서 목숨을 바치겠다고 한다. 그러나 막상 역경에 처해서 정부가 시민들을 정말 필요로 할 때에는 아무도 나타나지 않는다.

이런 경험은 경험하는 그 자체가 위험천만한 것으로 일생에 단 한 번으로 족할 것이다. 그러기에 현명한 군주는 어떤 상황에 처하든지 국민들이 정부와 자기를 믿고 따르도록 조치를 취해야 한다. 이렇게 함으로써 국민은 군주에게 변함없이 충성할 것이다.

제10장_ 군주국의 국력 추정방법

　군주국의 다양한 성격을 규명할 때에 유의해야 할 점이 또 하나 있다. 그것은 어떤 위급한 사태가 발생했을 때 군주가 자력으로 지켜나갈 수 있는 나라인가 아니면 타인의 도움을 필요로 하는 나라인가 하는 점이다.

　이 논점을 더욱 명백히 하기 위해서 자력으로 나라를 지킬 수 있는 군주는 풍부한 인적자원과 어떤 공격에도 맞서 싸울 수 있는 군대를 가질 수 있는 자금력을 갖고 있어 어떤 침입도 물리칠 수 있는 군주라고 말하겠다. 그러나 적과 전장에서 맞설 수 없어서 자신의 성안으로 피신해 적을 방어해야 하는 군주라면 항상 타인의 도움을 받을 필요가 있다.

전자는 이미 앞에서 논의한 바가 있다. 따라서 필요하다면 나중에 좀 더 상세히 논의할 것이다. 후자에 관해서 말하자면 먼저 군주는 성 밖의 영토에 관해서는 신경을 쓰지 말고, 그가 살고 있는 성의 방비를 견고히 하고 필수 물품을 충분히 비축해야 한다고 권고하는 것 외에는 별다른 조언이 없다.

여하간 성내의 방비를 충분히 하고 신하에 대한 정책 또한 앞에서 말한 것과 같은 방법으로 펼쳐나가면 상대측에서도 공격을 재고할 것이다. 사람들은 언제나 어려움이 따르는 계획을 싫어한다. 그러므로 방어가 견고한 성과 국민의 원한을 받지 않는 군주를 공격하여 점령하는 것은 결코 만만치 않은 일로 보일 것이다.

독일의 여러 도시국가들은 완전히 독립적이고 속령도 많지 않으며, 자기의 편의에 따라 황제에게 복종한다. 그들은 황제나 인근의 유력한 군주를 조금도 두려워하지 않는다. 왜냐하면 이 도시들은 견고한 성벽으로 잘 방비되어 있어서 그것을 포위하고 공격하는 일이 쉽지 않다고 생각하기 때문이다.

이 도시들은 강한 성벽과 그 주위에 파 놓은 못으로 잘 둘러싸여 있으며, 대포도 충분히 구축되어 있고, 1년을 버티기에 충분한 식량, 연료 및 식수가 항상 비축되어 있다. 게다가 평민들이 국가의 부담 없이 스스로 생활할 수 있도록 여러 가지 필요한 것들이 1년분은 준비되어 있다. 이러한 점이 그 도시의 활력소이며 생명력이고 하류층 국민들에게는 생활수단이다. 거기에다 그 국가들은 군사훈련을 매우 중요시 여기며 이를 유지하려고 여러 가지 규정을 두고 있다.

견고한 성을 가지고 있으면서 국민으로부터 미움을 받지 않는 군주는 외부로부터 공격받을 가능성이 적다. 공격을 받는다 하더라도 공격자는 그 목적을 성취하지 못할 것이다. 왜냐하면 세상일은 너무나 우발적인 것들로 가득 차 있기 때문이다. 일 년 내내 하는 일 없이 군대로 하여금 성을 포위하게 하는 일은 사실상 불가능하다.

여기에 대해 성안의 사람들 중에서 성 밖에 재산을 갖고 있는 자들이 자기 재산이 파괴당하는 것을 보면 참을성을 잃는 데다가 포위가 지속되면 이기심이 발동하여 군주에 대한 충성심이 약해진다고 반론을 할 수도 있을 것이다. 그러나 거기에 대한 나의 대답은 능력과 용기를 갖춘 군주는 그 고난이 오래 지속되지 않는다고 믿도록 신하를 설득하고, 사람들에게 적의 잔혹함에 대해서 경각심을 일깨우며, 시끄럽게 떠들어대는 자들을 교묘하게 처리함으로써 그러한 위기를 반드시 이겨 나갈 수 있다는 것이다.

또 다른 이유는 다음과 같다. 적군은 포위망을 설치하면 그 주변의 모든 지역을 약탈하여 위기를 조성하겠지만 성내에서는 방위심을 드높이며 의욕이 넘치기 때문에 군주가 불안해 할 필요가 없다. 따라서 며칠이 지나면 시민들의 흥분은 가라앉게 되며, 피해와 희생을 이미 감당한 뒤이기 때문에 거기에 대해서는 더 이상 어떤 조치를 취할 수 없으므로 군주가 두려워할 이유는 줄어들게 된다.

더욱이 시민들은 군주를 방어하기 위해서 자신들의 집이 불타고 재산을 약탈당하고, 그 결과 군주가 자기들에게 빚을 지고 있다고 생각하기 때문에 한데 뭉쳐서 더욱더 군주를 지지하게 된다. 왜냐하면 인간은 그 본성상 그들이 받은 은혜는 물론 베푼 은혜에 의해서도 유대가 강화되는 존재이기 때문이다.

따라서 이 모든 점을 조심스럽게 고찰할 때 어떤 포위공격에 처해 있든 식량을 충분히 비축해 놓고 적절한 방어수단을 갖추고 있는 한 현명한 군주가 시민들의 사기를 유지하는 일은 그다지 어려운 일이 아닐 것이다.

제11장_ 교회형 군주국

이제 교회형 군주국을 논의하는 일이 남아 있다. 이 경우의
모든 시련은 교회국가를 얻기 전, 즉 통치자가 결정되기 전에
일어난다. 그 이유는 교회형 군주국은 통치자가 결정된 후에
는 그 결정이 능력이나 운 혹은 호의 등 무엇으로 이루어졌든
지 간에 그 국가를 유지하기란 쉬운 일이기 때문이다.

이러한 국가는 종교적 제도에 근거를 둔 강력하고 특색 있
는 고래의 제도에 의해 다스려지기 때문에 군주가 어떻게 생
활하고 처신하든 그 지위를 유지할 만큼 충분히 강력하다. 군
주는 국가를 통치하고 있으나 방위할 필요가 없으며, 국민을
애써서 다스리려고 하지 않아도 된다. 비록 군주가 국가를 방

위하지 않은 채 두어도 빼앗기지 않는다. 게다가 국민은 정치에 무관심하며 군주에게 반항할 생각도 않고 그럴 힘도 없다. 그렇다면 이러한 군주국가야말로 진정 안전하고 성공적이라 할 수 있다.

교회형 군주국은 한 차원 높은 권력으로 유지되기 때문에 여기서 논의하는 것을 삼가겠다. 신에 의해 건국되고 유지되는 나라인 만큼 이를 논의하고 검토하는 것은 오만하고 경솔한 처사가 될 것임에 틀림없다.

그럼에도 불구하고 교회세력이 어떻게 강대해졌냐고 묻는 사람이 있다.

알렉산더 교황의 즉위 이전에는 이탈리아의 지도적 정치세력들이 군주나 봉건귀족보다 로마교회의 세속권을 대수롭지 않게 생각했다. 이러한 교회형 군주국이 프랑스 왕과 같은 인물마저도 두려워하게 하고, 더 나아가 그를 이탈리아에서 추방하고 베네치아 공화국을 몰락시켜 버렸다.

이 사건은 너무나 잘 알려져 있지만 여기서 중요한 점을 재검토할 필요가 있다. 프랑스 왕 샤를 8세가 이탈리아를 침입하기 전에 이 나라는 교황과 베네치아 공화국, 나폴리 왕국, 밀라노 공화국, 피렌체 공화국의 지배하에 있었다.

각 세력들은 두 가지의 주된 관심사에 몰두했는데, 하나는 외세가 이탈리아를 침입해서는 안 된다는 것이고, 다른 하나는 이탈리아의 어느 세력도 더 많은 영토와 권력을 가져서는 안 된다는 것이었다. 그중에서도 가장 경계 대상이 되었던 것이 교황과 베네치아 공화국이었다. 특히 베네치아 세력을 견제하기 위해서 다른 세력들은 페라라의 방어에서 나타난 것처럼 동맹을 결성했다.[31]

또한 교황의 권력을 견제하기 위해 로마 귀족들이 이용되었다. 그들은 콜론나와 오르시니라는 두 개의 파벌로 분열하여 대립하고 있었다. 교황의 면전에서도 칼을 들고 싸울 정도여서 그들은 교황의 권위를 약하게 하고 불안정하게 만들고 있었다. 때로는 식스투스 4세와 같은 기백이 있는 교황이 궐기한 적도 있으나 그의 행운이나 능력도 이러한 난관을 극복하는 데 충분하지는 못했다.

교황의 재위기간이 짧은 것도 그 이유라고 할 수 있는데 대부분 교황의 평균 재위기간은 10년 정도였다. 이 짧은 기간 동안 교황이 어느 한 파벌을 제거한다는 것은 매우 어려운 일

---

31) 1482년에 베네치아와 Ferrara의 Ecole 1세 간에 전쟁이 발발했는데, 후자는 밀라노와 피렌체의 지원을 받았다. Bagnolo 평화회의에서 비록 Polesine를 베네치아에 할양했지만 페라라의 자주성은 인정되었다.

이었다. 예를 들어 오르시니 계의 한 교황이 콜론나 가를 제압하는 데 거의 성공했다 하더라도, 다음에는 반대파의 교황이 등장함으로써 모든 일이 수포로 돌아갔다. 이 양대 세력은 지속되었고, 그 결과 교황의 세속적인 권력은 이탈리아에서 거의 무시당해 왔다.

그런데 알렉산더 교황이 즉위하게 되었고, 그는 역대 어느 교황보다 돈과 군사력으로 얼마나 많은 것을 성취할 수 있는가를 탁월하게 보여주었다.

그는 발렌티노 공을 앞세워 프랑스의 침입으로부터 얻은 좋은 기회를 충분히 활용하여 전장에서 상술한 바 있는 모든 것을 성취했다. 비록 알렉산더 교황의 진의는 교회형 군주국보다 공의 세력을 강력히 하는 데 있었으나, 그가 죽고 공작이 몰락한 후 교회가 그 결실들을 물려받았기 때문에 권력이 강력하게 된 것은 사실이다.

그 후 율리우스 교황이 나타나 교회는 한층 더 융성해져서 로마냐 전 지방을 지배하고 로마 귀족들은 무력화시켰다. 게다가 율리우스 교황은 이전의 알렉산더 교황에게는 없었던 축재의 수단[32]도 갖게 되었다. 따라서 율리우스는 이미 상속받은 것을 유지했을 뿐 아니라 이를 확대하여 볼로냐를 점령하고 베네치아를 파괴하고 이탈리아에서 프랑스군을 축출하는 계획을 세웠다. 이 모든 계획은 성공을 거두었고, 거기에다 율리우스는 개인을 위해서가 아니라 교회의 세력을 선양하기 위해서 이 모든 일을 성취했기 때문에 그의 명성은 더욱 높아져 갔다.

오르시니와 콜론나 양국은 여전히 무력한 상태로 재기하지 못하고 있었다. 비록 그들 중 몇몇 지도자들이 반란을 꾀하고자 했지만, 다음 두 가지 요인이 이를 막고 있었다. 그 하나는 로마교회 세력이 매우 강력해서 그들을 압도했던 것이며, 다음으로는 어느 한 파벌이라도 이끌 수 있는 추기경이 없었다는 사실이다.

추기경은 파벌들의 반목 원인이었는데 그들은 추기경을 지도자로 삼을 때마다 언제나 분규를 일으키곤 했다. 로마 안에서나 밖에서 파벌을 형성하는 것은 추기경이었고, 귀족들은 자신들이 속한 파벌을 지지하지 않을 수 없었다.

이와 같은 고위 성직자들의 야심이야말로 귀족들 사이의 모든 분쟁과 알력의 근원이었던 것이다.

이런 모든 결과로 교황 레오 10세[33]는 현재와 같이 매우 강

---

32) 성직매매로 재력을 모음.

력한 교회형 군주국을 갖게 되었다. 그리고 전임 교황들이 무력으로 교회형 군주국을 번영시켰듯이, 교황 레오 10세 역시 선량하고 곧은 마음과 무수히 많은 덕성으로 나라를 더욱 번영케 한 모든 이들로부터 존경받기를 희망했다.

---

33) 대 로렌초의 차남으로 1513년 교황이 됨.

제12장_ 군대의 조직과 용병

군주국에 대하여 상세히 논의했고, 그 나라들이 번영하거나 패망한 원인에 관해서도 고찰해 보았다. 그리고 많은 사람들이 군주국을 정복하고 유지하는 방법들을 검토했다. 이제 이 문제와 연관된 일로써 군주국을 공격하거나 방어하는 데 사용할 수 있는 일반적인 방법을 살펴보기로 하겠다.

앞에서 군주가 권력의 확고한 토대를 구축하는 것이 얼마나 필요한가를 역설한 바 있다. 그렇지 못한 군주는 파멸을 면하지 못할 것이다. 오래된 군주국, 복합형 군주국, 신생군주국 할 것 없이 국가의 가장 중요한 토대는 좋은 법률과 훌륭한 군대이다.

프랑스 왕 샤를 8세의 군대가 피렌체에 진입함
프란체스코 그라나치 作, 피렌체, 우피치 미술관

훌륭한 군대 없이 좋은 법률이 있을 수 없고, 훌륭한 군대가 있는 곳에는 항상 좋은 법률이 있기 때문에 법률 이야기는 생략하고 군대 문제에 관해 논하고자 한다.

예부터 군주가 자기 나라를 지키기 위해 가질 수 있는 무력은 본국군대, 용병대, 외국원군, 또는 이 세 가지를 혼합한 혼성군이라 말할 수 있다. 이것들 중에서 용병대와 외국원군은 무용하며 위험하다.

어느 군주가 자신의 영토를 보존하기 위해 용병에 의존했다면 장래에 그는 안정되고 안전한 통치를 결코 확립할 수 없을 것이다. 왜냐하면 용병은 통솔하기 어렵고, 야심만만하며, 규율이 없고, 그들에게는 충성심이 결여되어 있기 때문이다. 그들은 동료들과 있을 때는 용맹한 것처럼 보이나, 강력한 적과 부딪칠 때를 보면 약하고 비굴하기 짝이 없다.

그들은 신에 대한 두려움도 인간에 대한 신의도 없다. 따라서 전시에는 아무런 소용이 없으며, 파멸은 당신에 대한 공격이 지연되고 있는 만큼 지체되고 있는 데 불과하다. 그 결과 당신은 평상시에는 그들에게, 전시에는 적에게 시달림을 받게 된다.

이 모든 이유는 그들이 당신에게 아무런 애착도 느끼지 않으며, 그들에게는 전쟁터에 나가서 생명을 걸고 싸우기에는 너무나 하찮은 급료 이외에 다른 어떤 목적도 감정도 없기 때문이다. 그렇다고 해서 급료가 죽음을 각오할 만큼 큰 액수가 아니므로 그들은 당신이 전쟁을 하지 않는 한 기꺼이 봉사하지만, 막상 전쟁이 일어나면 도망가거나 탈영해 버린다. 이 점은 특히 유의해야 한다.

왜냐하면 이탈리아가 최근에 겪은 시련은 다른 어떤 이유보다도 오랫동안 용병에 의존한 데서 비롯되었기 때문이다. 이점을 주장하기 위해서 많은 시간을 할애할 필요도 없다. 물론 용병들 중 일부는 어느 정도 효력이 있었고 용맹을 떨치기도 했다. 그러나 외국군이 침입하자 단숨에 그들의 진면모가 드러났다. 그리하여 프랑스의 샤를 왕은 백묵 한 자루[34]로 이탈리아를 점령할 수 있었다.

이것에 대하여 어떤 이는 우리의 죄악으로 인해서 이러한 사태에 처하게 되었다고 말한다. 그는 진리를 말한 셈이다. 그러나 문제는 그가 의미한 죄악이 아니라 내가 설명한 죄악이다. 그리고 이는 군주들의 죄악이었기 때문에 그들 역시 자신의 죄로 인해서 처벌받았다.

나는 용병이 가지고 있는 결함을 좀 더 효과적으로 설명하려 한다. 용병대장은 전쟁에 능숙한 인물이거나 그렇지 않은 인물일 수 있다. 전쟁에 능숙한 인물이면 군주는 그들을 신뢰해서는 안 된다. 그 이유는 그들이 항상 자신들의 고용자인 군주를 위압하거나 군주의 의도보다 한층 더 적들을 위압하여 높은 지위에 오르고자 열망하기 때문이다. 그러나 용병대장의 능력이 부족하다면 군주는 당연히 파멸하게 될 것이다.

어떤 사람이 용병이건 아니건 무력을 자기 마음대로 처분

---

34) 샤를 왕의 이탈리아 전쟁을 백묵전쟁이라 부르기도 하는데, 그것은 가고 싶은 곳에 백묵으로 그어 놓기만 하면 아무런 저항 없이 이루어졌다고 해서 유래한다.

할 수 있는 사람은 누구나 이런 식으로 행동하기 마련이라는 이유로 반론을 제기한다면, 나는 군주나 공화국이 직접 군대를 관리해야 한다고 주장하겠다. 군주는 군대의 최고 통수권자로서 친히 군대를 통솔해야 한다. 공화국에서는 시민들 중에 한 사람을 뽑아 장군으로 파견해야 한다. 만약 파견된 자가 무능력하다고 판단될 경우 즉시 다른 사람으로 교체해야 하고, 반대로 유능하다면 그가 월권하지 않도록 법적인 통제 수단을 확보하지 않으면 안 된다.

실제 경험을 통해서 보더라도 자립하고 있는 군주국이나 군비를 갖춘 공화국만이 성공적이었으나 용병을 둔 곳은 반드시 해를 보게 된다. 그리고 일개 시민이 권력을 탈취하는 일은 외국 군대에 의존하는 공화국보다 자신의 군대를 가진 공화국에서 더욱 어려웠다.

로마와 스파르타는 수 세기 동안 군비를 잘 갖추었고 독립을 유지했다. 스위스도 마찬가지이다. 고대의 용병제로서 언급할 가치가 있는 것은 카르타고에서 발견된다. 그 나라에서는 지휘관이 본국인이었음에도 불구하고 로마와의 첫 번째 전쟁이 끝난 후부터 용병의 압력을 느끼기 시작했다.

마케도니아의 필립포스는 에파미논다스가 죽은 후 테베 시민에 의해 추대되어 대장이 되었으나 그는 전쟁에서 승리한 후 그들의 자유를 박탈하고 말았다. 밀라노 시민들은 필립포스 공작[35]이 죽은 후 프란체스코 스포르짜를 장군으로 채용하여 베네치아에 대항하도록 했다. 그러나 그는 카라바기오에서 베네치아를 격파한 후 도리어 그들과 연합하여 자신을 고용한 밀라노 시민을 제압했다.

그의 부친도 나폴리 여왕 죠반나의 용병대장이었는데 후에 여왕의 무력을 박탈했다. 그래서 여왕은 나라를 빼앗기지 않으려고 아라곤 왕가의 도움[36]을 청하지 않으면 안 되었다.

지금까지의 예와는 대조적으로 베네치아와 피렌체에서는 용병을 잘 이용하여 세력 확장에 성공하였으나 용병대장들이 권력을 탈취해 군주가 되는 일은 없었다. 이들은 충실히 자기 본분을 다했다. 이 문제에 관한 한 피렌체는 매우 운이 좋았다고 볼 수 있다.

용병대장 중에는 승리를 거두지 못한 자, 또는 견제 세력에 눌린 자, 또는 다른 곳에 야심을 품고 있는 자들이 있어서 피

---

35) 비스콘티 가의 마지막 군주. 세력을 다시 얻으려고 용병을 사용했지만 실패함.
36) 나폴리 왕 죠반나 2세(1371~1435)는 용병에 의존했다. 그러나 그들의 배반으로 아라곤 가의 알폰소를 양자로 하여 왕위를 넘겨주었다.

렌체는 무사했다. 정복하지 못한 장군은 존 호크우드인데 그의 충성심은 그가 승리를 거두지 못했기 때문에 확인할 수 없다. 그러나 모든 사람들은 그가 승리를 거두었다면 피렌체를 장악했을 것이라는 데 의견을 같이 한다.

또 다른 용병대장인 스포르짜 가 출신들은 항상 브라치오 집안의 군대와 경쟁관계에 있었기 때문에 각 파벌은 서로 견제했다. 프란체스코는 자신의 야심을 충족시키려고 롬바르디아에 갔으며, 브라치오는 교회와 나폴리 왕국을 마음에 두고 있었다.

좀 더 근래에 일어난 일을 살펴보자. 피렌체인들은 파올로 비텔리를 용병대장으로 고용했는데 그는 매우 유능한 자이며 미천한 출신으로 시작하여 큰 명성을 얻게 된 인물이다. 만약 그가 피사를 점령했다면 피렌체인들은 그를 계속해서 그 자리에 앉혀 놓을 수밖에 없었을 것이라는 점에 대해서 어느 누구도 이의를 제기하지 않을 것이다. 왜냐하면 그가 피렌체 적국의 장군으로 임명되었더라면 피렌체인들은 궁지에 몰렸을 것이기 때문이다. 그리고 만약 그들이 그를 계속 고용했더라면 그는 피렌체인들 위에 군림하는 지위에 오르게 되었을 것이다.

베네치아의 팽창을 살펴보더라도 그들이 자력으로 전쟁에 임했을 때에는 그 나라는 안전했으며 영광도 누렸다. 그들이 내륙 본토에서 전투를 벌이기 이전에는 귀족이나 모든 시민이 무장하고 용감히 싸웠다. 그러나 내륙 본토에서 전쟁을 하게 되자마자 그들은 효과적인 정책을 포기하고 이탈리아 본토의 관례에 따르기 시작했다.

그들이 내륙 본토의 제국을 확장해 나가기 시작했을 때에는 용병대장을 두려워할 이유가 없었다. 왜냐하면 그 당시에는 병합된 영토가 많지 않았고, 베네치아인들의 명성이 아주 높았기 때문이다. 그러나 카르미뇰라[37]의 통솔로 영토를 확장해감에 따라서 그들의 과오는 명백해졌다.

그들은 그의 통솔하에 밀라노 공작을 격파했기 때문에 그가 매우 유능하다는 것을 알게 되었다. 그러나 그가 전쟁에 열정을 갖지 않고 있다는 것을 깨달았다. 따라서 그를 계속 채용하면 앞으로 전쟁에서 승리하지 못할 것이라는 것도 알았다. 그러나 베네치아는 점령한 지역을 잃을 수 없었으므로 그를 해고할 수는 없었으며, 자신들을 보호하기 위해서 결국 그를 살해할 수밖에 없었다.

그 후 베네치아는 그 자리에 바르톨로메오 다 베르가모, 로베르토 다산 세베리노, 피티글리아노 백작 등 다른 용병대장들

---

37) Carmignuola : 베네치아의 용병대장. 후에 사형 당함.

을 차례로 기용했다. 이들에 대해서 베네치아가 우려했던 것은 장군들이 승리를 거둠으로써 반란을 일으킬 수 있는 위험이 아니라 장군들이 패배하는 것이었다. 이러한 우려는 그들이 800여 년 동안 그토록 심혈을 기울여 얻었던 것을 단 한 번의 전투로 잃게 된 바일라전에서 현실화되었다. 왜냐하면 용병을 사용하는 것은 완만하고 사소한 이득을 가져오는 반면에, 결과적으로 돌발적이고 놀라운 손해를 가져오기 때문이다.

이런 사례들은 오랫동안 용병들에게 약탈당해 온 이탈리아에서 들여온 것들이기 때문에 이 제도가 지닌 문제점들을 좀 더 상세히 검토하고자 한다. 용병제의 기원과 발전을 살펴봄으로써 적절한 해결책을 구하기가 쉽기 때문이다.

그렇다면 어떻게 하여 근래에 황제권력이 이탈리아에서 그 토대를 상실하고 교황의 세속권이 증대되었는가와 어떻게 해서 이탈리아가 수많은 국가로 분열되었는가를 알아야 한다. 그 이유는 많은 대도시에서 황제의 비호 아래 그 도시를 제압했던 귀족들에 대항하여 반란이 일어났고, 로마교회는 그의 세속권을 확대시키기 위해 이러한 반란들을 조장했기 때문이다. 그리고 많은 다른 도시에서는 시민들이 실권을 장악하기에 이르렀다.

그리하여 이탈리아는 로마교회와 몇 개의 공화국으로 나뉘었다. 시민과 성직자들은 군대 문제를 겪어본 적이 없기 때문에 용병을 기용해 전투를 치르게 되었다. 용병제의 중요성을 널리 알게 한 최초의 인물은 알베리코 다 큐니오이다. 그리고 당대에 이탈리아를 지배하던 브라치오와 스포르짜의 용병을 포함하여 다른 용병세력들이 전면에 부상하게 되었다.

그들의 뒤를 이어 오늘에 이르기까지 용병을 지휘하는 많은 다른 장군들이 나오게 되어 용병제도가 살아남게 되었다. 이들이 세운 혁혁한 무훈의 결과 이탈리아는 샤를에게 쫓기고 루이에게는 약탈당하고, 스페인의 페르디난드에게 유린당하고, 스위스 병사들에게 수모를 당하게 되었다.

용병대장들이 사용한 방법은 다음과 같다. 우선 그들은 자신의 명성을 높이기 위하여 보병을 등한시했다. 왜냐하면 그들에겐 일정한 영토가 없는 데다 소수의 보병을 거느린다 해도 아무런 소용이 없고, 그렇다고 다수의 보병을 거느릴 능력도 없었기 때문이다.

그런 이유로 그들은 자신의 지위를 유지하고, 중요한 지위를 성취하는 데 충분한 규모의 기병에 의존했다. 그 결과 2만 명 규모의 군단이 있으면 그중 보병은 불과 2천 명도 차지하지 못하는 사태에 이르게 되었다.

스위스 사람들로 이루어진 교황의 근위대
샤를 5세의 군대에 맞서 로마를 지키기 위해 싸운 유일한 군대. 전원 전사함으로써 끝까지 임무를 다하려 애썼다. /라파엘로의 프레스코화(부분), 로마, 바티칸

    그들은 가능한 모든 수단을 동원하여 자신과 병사들의 고통과 위험을 덜고자 했으며, 전투에서 서로 사람을 죽이는 일도 드물었다. 그 대신 그들은 상대방을 포로로 생포했으나 몸값을 요구하지도 않았다. 야간에는 요새화된 성을 공격하지 않았으며, 도성을 방비하는 용병들 또한 야간에는 적진을 공격하는 일이 없었다. 야영을 할 때도 그들은 방책이나 외호로 주위를 방어하지 않았으며, 더욱이 겨울에는 전투를 하지도 않았다.

    이런 모든 예들은 고통과 위험을 피하기 위한 전쟁의 지배적인 불문율로써 허용되었고 채택되었다. 이러한 그들의 활동 결과 이탈리아는 노예화되고 치욕의 수모를 겪게 되었다.

제13장_ 외국원군, 혼성군 그리고 자국군

외국원군이란 외부의 강력한 군주에게 도움을 요청했을 때 당신을 도우며 방어를 하기 위해서 파견된 군대를 일컫는데 이 또한 용병처럼 무익한 군대라고 말할 수 있다.

율리우스 교황도 외국원군을 이용한 적이 있다. 교황은 자신의 용병부대가 페라라 전투에서 별 성과를 거두지 못하자, 스페인의 페르디난드 왕에게 구원을 요청하여 타협을 보았다. 그러나 이런 원군은 그 자체로서는 유능하고 효과적이지만 원군을 불러들인 쪽에는 반드시 재해를 준다. 그 이유는 만약 그들이 패배하면 당신은 몰락할 것이고, 승리하면 승리한 대로 당신은 원군의 처분에 맡겨지기 때문이다.

이런 실례는 역사상 흔히 볼 수 있는 일이다. 나는 여기서 최근에 율리우스 교황이 경험한 일을 논의하고자 한다. 그가 페라라를 얻기 위해서 외국원군에게 자기를 완전히 맡겨 버린 듯한 정책을 채택한 것은 너무나 성급했다고 평가할 수밖에 없다. 그러나 다행히 그는 그릇된 정책에서 초래되는 결과를 감수하지 않아도 되었다.

왜냐하면 그의 원군이 라벤나에서 패배했을 때 돌연 스위스군이 궐기하여 모든 사람의 예상을 뒤엎고 적을 쳐부숨으로써 교황은 적의 포로가 될 신세를 면했기 때문이다. 게다가 승리를 거둔 자는 원군이 아니라 다른 군대였기 때문에 원군의 처분에 내맡겨지는 상황에 처하지도 않았다.

또한 피렌체는 군비를 전혀 갖추고 있지 않았기 때문에 피사 공략 때 프랑스 군 1만 명[38]을 끌어들였다. 이 정책은 역사상 피렌체가 겪은 시련의 시기 중 그 어느 때보다 위험한 시기였다.

콘스탄티노플의 황제[39]는 동족인 그리스 세력들과 싸우기 위해서 일만 명의 투르크군을 유치했는데, 전쟁이 끝난 후에

---

38) 1500년 피렌체는 Pisa를 공격하기 위해 Louis 12세의 원군 8천 명을 받아들임.
39) 동로마제국의 요안 6세. 그는 대립하는 반대파를 누르기 위해 1346년 터키군에게 구원함.

도 그들은 돌아가려고 하지 않았다. 이것이 그리스가 이교도의 지배하에 놓이게 된 발단이 되었다.

따라서 정복하지 않기를 원하는 군주는 외부로부터의 도움에 의지한다. 왜냐하면 외국원군은 용병보다 그 위험도가 훨씬 높기 때문에 원군을 사용하는 군주의 자멸은 확실하다.

외국원군은 타인에게 복종하는 데 익숙해져 있다. 이와 반대로 용병은 승리하더라도 군주에게 해를 가할 수 있는 입장에 처하기 위해서는 많은 시간과 커다란 기회를 필요로 한다. 용병은 군주가 고용하고 급료를 주기 때문에 단결된 일체감을 형성하지 못한다. 그러므로 군주가 지휘관으로 임명한 외부인이 즉각적으로 군주를 위협할 만한 권력을 형성하기란 어려운 일이다.

결론지어 말하자면 용병의 경우에는 그들의 비겁함이나 전투를 기피하는 태도가 위험하고, 외국원군의 경우에는 그들의 능숙함과 용기가 위험하다.

현명한 군주는 항상 이런 군대의 사용을 피하고 자신의 국민들로 구성된 군대를 양성하는 데 주력한다. 그들은 외국원군을 사용하여 다른 지역을 정복하는 것보다 차라리 자신의 군대로 패배하는 것을 택한다. 왜냐하면 그들은 외국원군을 사용하여 얻은 승리를 참다운 승리로 평가하지 않기 때문이다.

이 점에 관해서 나는 주저하지 않고 체사레 보르자가 취한 행동을 추천한다. 보르자는 외국원군을 사용하여 로마냐 지역에 침입했고, 그들과 더불어 이몰라와 포를리를 점령하였다. 그러나 그는 그들을 불신했기 때문에 그 후에는 용병을 사용했다.

그는 용병이 덜 위험하다고 판단하고 오르시니와 비텔리의 용병을 불러들였다. 그러나 뒤늦게 그 가치나 충성심이 의심스러웠기 때문에 위험하다고 판단해 그들을 해체시키고 자신의 사람들로 구성된 군대를 편성했다.

이러한 세 가지 종류의 군대 차이는 공작이 단지 프랑스 군대를 사용했을 때와 오르시니와 비텔리의 군대를 사용했을 때, 그리고 그가 자신의 군대를 키워서 군사적으로 자립했을 때의 공작이 누렸던 명성을 각각 비교해 보면 명백하다. 그가 자신의 군대를 명실상부하게 장악했을 때 그는 더 높은 명성을 떨치게 되었으며 그 어느 때보다도 만인에게 존경받았다.

나는 실례로써 최근에 이탈리아에서 일어난 것만을 소개하려 했지만 여기에 서술한 시라큐스의 히에론 이야기를 부가해야 옳을 것 같다.

앞에서 말한 것처럼 그는 시라큐스의 국민에 의해 추대되어

군 지휘관이 되었다. 그의 지휘하에 있는 병력은 모두 용병이었다. 그는 그들이 이탈리아의 용병대와 같은 부류의 무용한 존재라는 점을 즉각 깨달았다. 그리고 그는 이들을 해산시키는 것도 계속 유지하는 것도 위험하다고 생각해서 모두 말살시켰다. 그 후 그는 오직 자기 군대만으로 싸움을 계속했다.

이와 비슷한 옛이야기로 『구약성서』에 나오는 한 인물을 상기시키고자 한다. 그 인물은 바로 다윗이다. 다윗이 사울에게 가서 팔레스타인의 용사인 골리앗과 싸우겠다고 제의했다. 이에 왕은 그에게 용기를 주는 뜻으로 자기의 무기와 갑옷을 사용하라고 했다. 그러나 다윗은 이를 한 번 걸쳐보고는 그것을 충분히 활용하지 못할 것 같다며 사양하고, 자기의 투석기와 단검을 가지고 싸움터에 나섰다. 다시 말하자면 타인의 무기는 몸에 맞지 않기 때문에 부담이 될 뿐이고, 그렇지 않더라도 당신의 움직임을 제약할 뿐이다.

루이 11세의 선친인 샤를 7세는 자기의 역량과 행운으로 프랑스를 영국으로부터 해방시켰다. 그 당시 그는 본국의 군비를 강화해야 한다는 필요성을 절감하고 기병과 보병으로 구성된 군대제도를 실시하였다.

130

그러나 그의 아들인 루이 왕은 보병대를 폐지하고 스위스 용병을 고용하기 시작했다. 이 커다란 실수는 다른 실수들과 결부되어 프랑스 왕국을 현재와 같은 위기상황에 몰아넣었다.[40] 보병을 완전히 폐지했기 때문에 기병은 타국 보병의 지원 없이는 쓸모없는 것이었다. 그래서 스위스 용병의 이름만 높이고 프랑스 군대는 약화시키고 만 것이다.

이리하여 프랑스 군대는 스위스 보병과 연합하여 싸우는데 익숙해져서 그들 없이는 전투에서의 승리를 확신하지 못하는 지경에 이르렀다. 그 결과 프랑스군은 스위스군보다 열등한 지위에 놓이게 되었고, 스위스군이 없는 프랑스군은 적에게 허약한 모습으로 보이는 지경에 처하게 되었다.

그 결과 프랑스군은 자국군대와 용병으로 된 혼성군이 되어 버렸다. 이런 혼성군이 순수한 외국원군이나 용병군보다 낫다고 볼 수 있으나 순수한 자국군에는 비할 바가 못 된다. 그러므로 프랑스가 샤를 왕이 만들어 놓은 군대제도를 발전시켰거나 적어도 그대로 유지했더라면 결코 패하지 않는 나라가 되었을 것이라는 점을 충분히 짐작할 수 있다.

인간이란 사려가 얕고 판단력이 부족하기 때문에 처음의

---

40) 1512년 이탈리아에서 프랑스군이 쫓겨난 것을 말함.

단맛에 속아 그 속에 숨어 있는 독을 알아차리지 못하고 실행한다. 이것은 앞에서 말한 소모열과 마찬가지이다. 군주의 지위에 있는 사람이 초기 단계에 독성을 간파하지 못한다면 그는 현자가 아니다. 그러나 이러한 통찰력은 단지 소수에게만 주어질 뿐이다.

여기서 로마제국의 멸망 원인을 살펴보자면 그것은 고트인을 용병으로 고용한 일에서 연유했다. 그 정책은 로마제국의 힘의 원천을 고갈시키기 시작했다. 그리고 거기서 유출된 로마인의 용맹성을 모두 고트인이 흡수했던 것이다.

따라서 군주가 자국의 군대를 통솔하지 않으면 그는 평안하지 못할 것이라고 결론짓겠다. 오히려 그러한 군주는 재난이 닥쳐왔을 때 자신을 방어할 힘이 없기 때문에 전적으로 운명에 의존해야 할 뿐이다. 현자는 "자력에 의거하지 않는 권력과 명성처럼 취약하고 믿지 못할 것은 없다."[41]라는 격언을 언제나 마음에 깊이 새긴다. 그리고 자신의 군대는 자국민 또는 자신의 부하들로 조직된 군대를 말하며, 그 밖의 다른 모든 것들은 용병이나 원군이다.

---

41) 타키투스의 『연대기』 X Ⅲ-19.

자신의 무력을 조직하는 올바른 방법은 내가 이미 예시한 4인(보르자, 히에론, 다윗, 샤를 7세)의 군사조직을 검토하고, 알렉산더 대왕의 부친인 필립포스와 다른 여러 군주와 공화국이 자신들의 국가를 무장하고 조직한 방법을 이해하면 쉽게 발견할 수 있을 것이다. 나는 그들이 사용한 방법에 전면적인 신뢰를 보낸다.

제14장_ 군주가 그 외 시민군을 조직하는 방법

군주는 전쟁과 전술 및 훈련을 제외하고는 다른 목적이나 생각을 갖지 않아야 하고, 다른 직무도 갖지 말아야 한다. 군대를 잘 통솔한다는 것은 세습군주로 하여금 그 지위를 보존하게 하고, 종종 평민을 군주로 만들 만큼 효과적인 힘이 될 수 있다. 이와 반대로 군주가 무력이나 전쟁보다 그의 쾌락에 더 몰두하면 권력을 잃게 되리라는 것은 명백하다.

군주가 나라를 상실하는 주된 원인은 군의 통솔을 소홀히 하는 데 있으며, 군주가 되는 길 역시 이 직무를 잘 지키는 것이다. 프란체스코 스포르짜는 무력을 가졌기 때문에 일개 평민에서 밀라노의 군주가 될 수 있었다. 그러나 그의 아들들은 군사관리를 소홀히 했기 때문에 군주의 자리에서 쫓겨나 일 개 시민의 지위로 전락했다.

무력을 제대로 갖추지 않은 것이 주는 폐해는 여러 가지가 있으나 특히 문제가 되는 것은 타인들이 군주를 경멸한다는 것이다. 경멸받는다는 것은 뒤에 다시 언급하겠지만 군주라면 경계해야 할 수치 중에 하나이다.

사실상 무력을 가진 자와 가지지 않은 자가 동일할 수 없으며, 무력 있는 자가 무력 없는 자에게 스스로 복종한다든지, 무력 없는 자가 무력 있는 자에게 둘러싸여서 안전하기를 기대할 수는 없다. 후자는 경멸을 할 것이고 전자는 의심을 품고 두려워하기 때문에 그들은 서로 협동하여 일을 잘 할 수 없을 것이다.

그리고 이미 언급한 다른 불리한 점 이외에도 군사에 정통하지 않은 군주는 부하에게서 존경을 받지 못하며, 그 역시 부하들을 신뢰할 수 없다.

이러한 이유로 군주는 항상 군사에 관심을 가져야 하며, 평화 시에도 전시보다 더 군사에 관심을 가져야 한다. 이를 실천하는 데는 두 가지 방법이 있는데, 그 첫째는 훈련을 하는 것이고 다른 하나는 두뇌를 사용해 연구하는 것이다.

훈련에 관해서는 군대의 기강을 잡고 병사를 훈련시키는 일 이외에도 군주는 평소 자주 사냥에 몰두하여 신체를 단련하고 동시에 그 지방의 지형에 익숙해져야 한다. 즉 강과 늪의 특징은 물론이고, 산은 어떻게 솟아 있으며 골짜기는 어떻게 뻗어 있고, 평야는 또 어떻게 펼쳐져 있는가에 주의를 기울여야 한다. 군주는 이런 일에 특히 많은 관심을 가져야 한다.

이러한 실제적인 지식은 다음 두 가지 이유로 중요하다. 첫째는 자국의 지형을 잘 알게 되어 국방에 도움이 되는 것이며, 다음은 지리상의 지식을 갖게 됨으로써 새로 접하는 지역의 지형 특성을 용이하게 파악할 수 있게 되는 것이다.

예를 들어 토스카나 지방의 지형은 다른 지방의 그것과는 다르지만 비슷한 곳이 많이 있다. 그러므로 한 지역의 지형을 잘 앎으로 해서 용이하게 다른 지역의 지형에 친숙할 수 있다. 이런 지식을 갖고 있지 않은 군주는 지휘관으로서 자질을 구비하지 못한 셈이 된다. 왜냐하면 군주에게는 그러한 지식을 전쟁에 유리한 방법으로 사용하여 적을 추적하고, 적절한 야영장소를 물색하며, 군대를 인솔하여 적을 향해 진격시키고, 전투를 준비하며, 요새나 요새화된 도시를 포위할 의무가 있기 때문이다.

많은 역사가들이 아카에아 동맹의 지도자였던 필로푀멘을 찬양했던 이유 중 하나는 평화 시에도 항상 전술에 관해 연구했다는 점이다. 그는 부하들과 야외에 나갔을 때도 종종 그들에게 다음과 같은 질문을 던졌다고 한다.

"적이 저 언덕을 점거하고 있고 우리가 여기에 포진했다면 누가 유리한 위치에 있는가? 여기서는 진형을 어떻게 사용해야 적의 공격을 유리하게 막아낼 수 있는가? 후퇴할 경우에 우리는 어떻게 해야 되며, 반대로 적이 후퇴할 때 우리는 어떻게 추격해야 하는가?"

그는 군대에서 일어날 수 있는 모든 상황을 토의하고 전술을 꾀했다고 한다. 그는 그들의 의견에 귀를 기울이고 나서 자신의 의견을 밝혔으며, 이유를 제시하여 그 의견들을 뒷받침했다. 이러한 지속적인 토론으로 그가 군대를 지휘하게 되었을 때 그는 어떤 시련도 극복할 수 있었던 것이다.

한편 두뇌를 사용하는 훈련에 있어서 군주는 역사서를 많이 읽어야 한다. 그 이유는 위인들의 행적을 연구하기 위한 것이다. 그들이 전쟁을 수행한 방법을 터득하고, 승패의 원인을 고찰하며, 무엇보다 위대한 인물들을 뒤따르도록 노력해야 한다.

결국 과거의 위인들 역시 찬양과 영광을 받을 가치가 있다고 생각되는 그들의 선임자들의 모범을 뒤따랐을 뿐이다. 예를 들어 알렉산더 대왕은 아킬레스를, 케사르는 알렉산더를, 스키피오가 키루스를 모범 삼은 것을 보면 알 수 있다.

크세노폰이 쓴 『키루스 왕의 전기』를 읽으면 스키피오의 일생은 거의 키루스 왕의 그것을 모방했음을 알 수 있다. 그는 사실상 키루스 왕의 절제, 선의, 인간미, 관용을 그대로 따랐다.

현명한 군주는 이런 위인들의 태도를 존중해야 하고, 평화시에도 안일을 택하지 말며, 부지런히 노력하여 자신의 입지를 강화함으로써 어떤 역경도 이겨 나갈 수 있도록 준비해야 한다. 그 결과 운명이 변해 악운이 닥쳐와도 그것을 이겨 나갈 모든 준비를 게을리해서는 안 된다.

제15장_ 군주가 찬양받거나 비난받는 일들

이제는 군주가 신하 및 자기편 사람들에게 어떻게 행동해야 마땅한가를 살펴보아야 한다. 이 점에 관해서 많은 논자들[42]이 이미 여러 가지로 논한 바 있다는 것을 잘 알고 있다. 여기서 새삼스럽게 이 문제를 다루는 데 관하여 다른 사람들이 제안한 원칙과 크게 다르기 때문에 나를 건방지다고 판단할지도 몰라 두려운 마음이 앞서기도 한다.[43]

---

42) 이상주의에서 군주의 자세를 논한 종래의 사상가들, 말하자면 고대의 플라톤, 아리스토텔레스, 크세노폰, 중세의 성 토머스, 단테, 마르실리오 다 파도바, 거기에다 초기 인문주의자들을 암시하고 있다.

43) 여기서도 그는 현실을 중시하고 그런 관점에서 독창적인 의견을 설립한 마키아벨리의 면모를 볼 수 있다.

그러나 나의 의도는 독자에게 유익한 것을 쓰려고 하는 것이다. 나는 쓸데없는 사변을 논하기보다는 구체적인 사실을 추구하는 것이 훨씬 뜻 있는 일이라고 생각한다. 왜냐하면 많은 사람들이 현실 속에 존재하지도 않고 목격된 적이 없는 공화체제나 군주체제를 고안해 냈기 때문이다.

생활방식에 있어 '인간이 어떻게 사는가'와 '인간이 어떻게 살아야 하는가'의 차이는 너무나 크다. 일반적으로 행해지는 바를 행하지 않고 마땅히 해야 할 바를 고집하는 군주는 권력을 유지하기보다는 오히려 파멸에 이른다.

무슨 일에서나 그리고 어디에서나 스스로를 선한 인간으로만 내세우려고 고집하는 사람은 반드시 많은 악인들의 무리 속에서 파멸될 것이다. 따라서 스스로의 권력을 유지하려는 군주는 선하기만 해서도 안 되며, 필요에 따라서는 부도덕하게 행동할 태세가 되어 있어야 한다.

그래서 군주의 처신은 가공적인 것들을 생략하고 실제로 일어나는 현실적인 것으로 설명되어야 한다. 인간이라면 누구나, 특히 군주는 그의 높은 신분 때문에 그가 지닌 특성 중 한 면을 두드러지게 찬양받거나 혹은 비난받는다. 말하자면 어떤 사람은 그를 관대하다고 평가하고 또 다른 사람은 인색하다고 평가한다.

나는 탐욕스럽다는 토스카나의 방언으로 인색하다는 말을 사용했다. 인색하다는 말은 자기 것을 가능한 내놓지 않으려는 사람을 뜻하고 탐욕스럽다는 말은 소유욕이 지나쳐서 도둑질까지 할 수 있는 사람을 뜻한다.

그와 마찬가지로 이 사람은 친절한데 저 사람은 욕심이 많다든가, 저 사람은 잔인하나 이 사람은 자애심이 많다든가, 저 친구는 말뿐이지만 이 친구는 신의가 두텁다든가, 저 사람은 유약하고 겁이 많지만 이 사람은 단호하고 용기가 있다든가, 저 사람은 호인인데 이 사람은 오만하다든가, 저쪽은 방탕하나 이쪽은 절개가 있다든가, 저 자는 솔직하지만 이 자는 교활하다든가, 저 사람은 힘들지만 이 사람은 쉽다든가, 저 자는 무게가 있으나 이 자는 경박하다든가, 저 사람은 경건한데 이 사람은 신앙심이 없다는 평판도 있을 수 있다.

물론 군주가 여기에 열거한 여러 기질들 중에서 좋은 성품만을 모두 갖추고 있다면 그야말로 찬양받기에 충분하다. 이런 경우 모든 사람들이 이를 기꺼이 인정할 것이다. 그러나 이 모든 것을 갖추는 것은 거의 불가능한 일일 뿐더러 인간의 조건이 그렇게는 허용하지 않는다.

따라서 군주는 최소한 자기의 권력기반을 파괴할 법한 악

덕으로 악명을 떨치는 것을 피하고, 또 정치적으로 위험을 초
래하지 않는 악덕들도 가능하다면 피하도록 노력해야 할 것
이다. 그러나 그렇게 할 수 없다면 후자의 악덕은 지나치게
신경을 쓰지 말고 되는 대로 두어도 상관은 없다.

   그러나 자신의 권력을 보존하기 위해 필수적인 악덕으로
악명을 떨치는 것에 관해서는 개의치 말아야 할 것이다. 왜냐
하면 모든 것을 신중하게 고려할 때 미덕으로 보이는 몇 가지
자질들이 군주를 파멸로 이끌 수 있고, 첫눈에는 악덕으로 보
이나 결과적으로는 군주의 입장을 강화시키고 번영을 가져오
는 것들도 있기 때문이다.

제16장_ 관후함과 인색함

앞에서 논의한 기질들 중에서 첫 번째 것을 논의한다면 나는 관후하다는 평가가 가장 중요하다고 생각한다. 그러나 그 관후함이 정말로 군주가 관후하게 여겨질 정도로 실천된다면 도리어 해를 입을 수 있다.

말하자면 통치의 입장에서 그 덕을 현명하고 정당하게 실천한다 해도 남의 눈에 띄지는 않을 뿐 아니라 오히려 다른 오명까지 뒤집어쓸 염려가 있다. 이는 대중으로부터 관후하다는 평판을 유지하고자 한다면 어쩔 수 없이 사치에 기울어지기 마련이다. 그래서 군주는 그런 일에 자기의 전 재산을 탕진하게 된다.

더구나 계속해서 도량이 넓고 관후하다는 평판을 유지하려고 애쓰면 그는 궁극적으로 탐욕적이 되고, 필요 이상으로 국민을 억압하며 무거운 과세나 다른 모든 수단을 동원하여 돈을 긁어내려고 애쓰게 된다. 이리하여 백성들의 원성은 높아지고 자기 자신도 차차 궁핍해져서 누구에게서도 존경을 받지 못하게 된다.

따라서 절약을 모르는 군주는 극소수의 사람들에게만 혜택을 주고, 다수의 사람들에게 해를 주는 결과를 가져온다. 이쯤 되면 걸림돌에 걸려 위기에 빠져도 그는 헤어 나올 수 없다. 군주가 불만의 징조를 깨닫고 처신을 바꾸려고 해도 때는 이미 늦어서 즉각적으로 인색하다는 악평을 듣게 된다.

요컨대 군주가 자신에게 해를 끼치지 않으면서 관후함이라는 덕을 실천하고 동시에 그러한 세평을 한 몸에 지닐 수 없기 때문에 현명한 군주라면 애당초 인색하다는 악평쯤은 신경을 쓰지 말아야 한다. 공격해 오는 어떠한 적도 방어할 만큼, 그리고 전투를 수행하는 데 있어 국민들에게 부담을 주지 않을 만큼 군주의 재정이 풍족하다는 점, 그리고 그것이 그의 절약 덕분이었다는 점을 사람들이 깨닫게 되면 모험적인 사업을 창출할 수 있기 때문이다.

이럴 때 군주는 관후하다는 평을 받게 된다. 그렇게 되면 그는 수많은 사람들에게 관후한 행동을 한 셈이 되고, 소수의 사람들에게만 특혜를 베푸는 일이 없기 때문에 이 소수로부터만 인색하다는 평을 받게 된다.

우리 시대에 위대한 업적은 인색하다고 생각되는 사람의 손에서 이루어졌다. 그렇지 못한 다른 군주들은 불행을 겪었다. 교황 율리우스 2세는 교황의 지위에 오르기까지 관후하다는 평판을 이용했다. 그러나 교황이 된 후에는 전쟁을 치르기 위하여 이 평판을 유지하고자 애쓰지 않았다.

프랑스 국왕은 자신의 검약한 생활로 인해서 국민에게 과도한 세금을 부담시키지 않으면서도 여러 차례에 걸친 전쟁을 감행했다. 왜냐하면 오랜 기간에 걸친 절약이 막대한 지출을 대신했기 때문이다. 스페인 국왕 또한 관후하다는 평판을 누리고 있었더라면 그토록 많은 전투를 성공적으로 거두지 못했을 것이다.

따라서 현명한 군주는 자기방어의 명목으로 백성에게 금품을 강요하지 않기 위해, 가난 때문에 경멸을 받지 않기 위해, 탐욕자가 되지 않기 위해 인색하다는 평판쯤은 조금도 개의치 말아야 한다. 인색하다는 결점은 군주에게 지배자의 지위를 보장하는 결점이기 때문이다.

시이저는 그의 관후한 미덕으로 정권을 잡았다. 많은 사람들이 그가 씀씀이가 넉넉했기 때문에 가장 높은 지위를 얻었다고 반론을 제기할 수도 있다. 이에 대해서 나는 다음과 같이 대답하겠다.

먼저 그 사람이 이미 군주가 되었는가 아니면 앞으로 군주가 되고자 노력하는 사람인가를 생각해야만 한다. 전자의 경우는 관후함은 해가 된다. 후자의 경우는 관후한 사람으로 비치는 것이 필요하다. 시이저는 로마에서 권력을 추구하던 사람 중에 하나였다. 그러나 그가 권력을 장악한 후에도 암살당하지 않고 생존하여 그 낭비를 고치지 않았더라면, 아마 그는 자신의 권력을 잃고 말았을 것이다.

또 누군가가 많은 군주들이 관후하다는 세평을 받으면서도 군대를 잘 사용하여 괄목할 만한 군사적 승리를 거두었다고 반박한다면 나는 이같이 대답하겠다.

군주가 돈을 사용함에 있어서는 자기 돈이나 신하의 돈을 쓸 때와 타인의 돈을 쓸 때의 두 가지 경우가 있다. 첫 번째 경우에서는 그는 인색해야 할 것이고, 두 번째 경우에는 얼마든지 관후해도 좋다.

사실은 한 군주가 군대를 이끌고 정복자가 되어 전리품을 얻고, 약탈을 행하고, 징발을 마음껏 하며, 남의 재산과 보물을 얻을 수 있다면 관후함은 필요하다. 그렇지 않다면 병사들이 그를 따르지 않을 것이기 때문이다.

군주나 신하들의 것이 아니라면 키루스나 시이저나 알렉산더 대왕이 행했던 것처럼 얼마든지 당신은 관후하게 분배해도 무방하다. 왜냐하면 타인에게 속한 것을 후하게 주는 것은 결코 당신의 평판을 떨어뜨리는 것이 아니라 오히려 한층 더 드높이기 때문이다. 당신에게 해가 되는 경우란 단지 당신의 것을 함부로 주는 경우이다.

관후함처럼 자기 소모적인 것은 없다. 군주는 덕을 실천함에 따라서 실천할 수 있는 능력을 잃는다. 그래서 빈궁에 빠져서 남에게 업신여김을 받든가, 빈곤을 피하려는 욕심이 생겨나 미움을 받는다. 군주는 모름지기 경멸을 받고 미움받는 일을 경계해야 하는데[44] 관후함은 이 두 가지 길로 귀결된다.

따라서 비난은 받되 미움은 받지 않으며 인색하다는 평판을 얻는 것이 더 현명한 방책이다. 이것이 관후하다는 평을 들으려고 애를 쓰다가 오히려 비난은 물론 미움까지 받게 되고 결국, 탐욕자라는 평판을 얻게 되는 처지에 봉착하는 것보다는 훨씬 현명하다는 것이다.

---

44) 아리스토텔레스의 『정치학』 중 참주의 설을 인용하고 있다.

제17장_ 잔인함과 인자함, 그리고 사랑받는 것과 두려운 존재가 되는 것 중 어느 편이 더 나은가

앞에서 이야기한 기질들과 다른 기질을 다루면서 나는 모든 군주들이 잔인하다기보다는 인자하다는 평판을 받으려고 더 노력해야 한다고 주장한다. 그러나 군주는 부적절한 방법으로 자비롭게 되지 않도록 주의해야 한다.

체사레 보르자는 잔인한 인간으로 통했다. 그러나 그의 엄격한 조치들은 로마냐의 질서를 회복하고, 이 지방을 통일하여 평화와 충성을 다하도록 하였다. 그렇다면 다시 한번 생각해 보자. 피렌체 시민들이 냉혹하다는 악평을 듣지 않으려고 피스토이아의 사분오열을 방치했던 것에 비하면 보르자가 훨씬 더 자애롭다고 판단될 만하다.[45]

따라서 현명한 군주는 자신의 백성들을 결속하고 그들이 충성을 다하도록 하기 위해서 잔인하다는 악평쯤은 개의치 않아야 한다. 왜냐하면 자애심이 깊어 오히려 혼란상태를 초래하고 급기야는 살육이나 약탈을 횡행케 하는 그런 군주보다 소수의 몇몇을 시범적으로 처벌함으로써 기강을 바로잡는 군주가 결과적으로 훨씬 더 자애롭기 때문이다.

후자는 군주가 내리는 엄격한 재판이 단지 특정한 개인들에게만 해를 끼치는 데 불과하지만, 전자는 사회 전체에 해를 끼친다. 특히 신생국가는 위험으로 가득 차 있기 때문에 신생 군주는 다른 군주보다 더 잔인하다는 평판을 면하기가 어렵다. 그래서 베르길리우스도 디도의 입을 빌려서 다음과 같이 말하고 싶다.

가혹한 필연성과 내 왕국의 새로움이
나에게 그러한 조치를 취하게 하였고
국경의 구석구석을 감시하게 하였노라.

그러나 군주는 경솔하게 남을 믿거나 경거망동해서는 안

---

45) 1501년부터 1년 간 피스토이아에서 두 파의 권력다툼이 있었다. 피렌체는 우파의 지도자를 추앙하여 평화를 되찾으려고 했었다.

된다. 그는 스스로의 그림자를 두려워하지 않아야 한다. 상대방을 지나치게 믿어 분별을 잃지 않아야 하고 지나친 불신에 사로잡혀 편협에 빠지지 않도록 사려와 인간미를 갖추어 침착하게 일을 해 나가야만 한다.

또한 사랑을 받는 것과 두려운 존재가 되는 것 중 어느 편이 더 나은가에 관한 논쟁이 있다. 나의 견해는 사랑도 받고 동시에 두려운 존재가 되는 것이 바람직하다는 것이다. 그러나 실제로 이 둘을 동시에 겸비하는 것은 매우 어렵다. 따라서 그중 어느 한쪽을 택해야만 한다면 사랑받는 것보다는 오히려 두려운 존재가 되는 것이 훨씬 안전하다고 생각한다.[46]

이 점은 모든 인간에게 보편적으로 적용된다. 다시 말하면 인간은 본래 은혜를 모르고, 변덕이 심하며, 위선자이면서 기만에 능하고, 염치를 모르며, 몸을 아끼고, 물욕에 눈이 어두운 속물들이다. 그래서 군주가 은혜를 베푸는 동안에는 모두가 온갖 충성을 바친다.

내가 앞에서 지적한 것과 같이 막상 위험이 먼 곳에 있으면 그들은 피도, 재산도, 생명도, 자녀마저도 군주에게 바칠 것처

---

46) 『전략론』 제3권 제22장.

럼 행동한다. 그러나 군주에게 위험이 닥쳐 궁지에 몰리게 되면 그들은 즉시 등을 돌린다. 따라서 이들의 약속만 전적으로 믿고 다른 준비를 소홀히 한 군주는 몰락을 자초할 뿐이다.

숭고하고 위대한 정신이 담보되지 않고, 그저 보수라는 미끼로 얻어진 우정은 그만큼의 가치밖에는 지니지 못한다. 그래서 정작 우정이 필요할 때 우정은 힘이 되지 못한다.

인간은 두려움을 불러일으키는 자보다도 사랑을 받는 자에게 해를 끼치기를 더 간단히 생각한다. 왜냐하면 사랑이란 일종의 의무감에 의해서 유지되는데 인간은 지나치게 이해타산적이기 때문에 자신들의 이익을 취할 기회가 있으면 언제나 서슴없이 의무를 저버린다. 그러나 두려워하는 자와는 그 관계가 처벌에 대한 공포로써 유지되기 때문에 그들은 결코 모르는 체 할 수 없어 효과적이다.

현명한 군주는 자신이 사랑을 받지 못하더라도 남으로부터 두려움을 사는 존재가 되어야 하며 미움을 받는 일은 피하도록 해야 한다. 미움을 받지 않고 남을 두렵게 만드는 것은 얼마든지 양립할 수 있기 때문이다. 그리고 이것은 군주가 자기 백성의 재산이나 부녀자에게 손을 대지 않는다면[47] 반드시 성취될 수 있는 것들이다.

만약 누군가를 꼭 죽여야 할 때는 반드시 적절한 명분과 명백한 이유가 따라야만 그 행위가 정당화된다. 그러나 무엇보다도 군주는 남의 재산을 억지로 빼앗는 일은 삼가야 한다. 인간은 어버이의 죽음은 쉽게 잊어도 자기 재산의 손실은 결코 잊지 못하기 때문이다. 게다가 재산을 몰수할 명분은 항상 있게 마련이다. 약탈을 일삼는 자는 항상 타인의 재산을 취할 핑계를 발견할 수 있다. 거기에 비하면 생명을 빼앗을 이유나 핑계는 훨씬 드물고 포착하기도 더 어렵다.

군주가 군대를 이끌고 많은 병사들을 지휘할 때는 잔인하다는 악평을 꺼려할 필요가 없다. 이런 평판 없이는 군주가 군대의 결속을 다지고 군사작전에 적합하게 만반의 태세를 갖추는 것이 어렵기 때문이다.

한니발[48]의 혁혁한 활약 이면에는 이런 점들이 있었다. 그는 비록 많은 나라들로부터 선발된 대군을 이끌고 이국땅에서 전쟁을 일으켰지만, 상황이 불리하든 유리하든 상관없이 그의 비인도적인 잔인성 때문에 병사끼리의 내분과 지휘관에

47) 제19장 참조. 『전략론』제3권 제19장 참조.
48) 기원전 202~183년 : Carthago의 용장, 기원전 128년 알프스를 넘어 로마까지 육박하였다가 배후를 찔려 Carthago로 돌아갔다. 기원전 202년 Scipio가 이끄는 로마군에게 패배하였다.

대한 어떤 모반도 없었다.

이 사실은 그의 훌륭한 능력과 더불어 부하들로 하여금 항상 그를 경외하게 만든 그의 비인간적인 잔인성에 의해서만 설명될 수 있다. 그에게 잔인함 없이 덕성만 있었다면 그의 다른 능력들 역시 그러한 성과를 올릴 수가 없었을 것이다. 그런데 이 점을 깨닫지 못한 저술가들은 한편으로는 그의 위업을 찬양하면서도 성공의 주된 이유였던 그의 잔인성에 대해서 비난하는 어리석음을 범하고 있다.

다른 덕성들만 가지고는 한니발이 성공치 못하였으리라는 것은 스키피오[49]의 경우를 보면 알 수 있다. 스키피오는 오늘날에 있어서 뿐만 아니라 역사의 전 기간을 놓고 보아도 걸출한 인물이었다. 그러나 그가 너무나 관대해서 군사훈련에서 병사들에게 불필요한 자유를 지나치게 허용했기 때문에 스페인에서 그의 군대가 반란을 일으켰다. 이로 인해서 그는 원로원에서 파비우스 막시무스로부터 로마군대를 부패시키는 장본인이라고 탄핵을 받았다.

---

49) 기원전 236년경~184년 : 로마의 장군. 기원전 209년 스페인에서 카르타고, 노바를 함락, 이듬해에 하스드루발을 격파하여 로마의 스페인 정복을 확립하였다. 그 후 아프리카로 전쟁터를 옮겨 기원전 202년 한니발을 패배시켜 카르타고를 굴복시켰다. 이로써 제2차 포에니 전쟁이 끝났다. 부하의 모반에 대하여는 『전략론』 제1권 제29장 참조.

로크리스의 주민들이 스키피오가 파견한 장관에게 시달림을 받고 파란을 겪은 일이 있었다. 스키피오는 주민들의 원성을 듣지도 않았으며, 그 장관의 횡포를 규탄하려고도 하지 않았다. 이 모든 것은 그의 관대한 기질에서 비롯된 일이다. 그래서 어떤 이는 원로원에서 "그는 남의 과실을 나무라기보다는 스스로가 과실을 저지르지 않으려고 노력하는 그런 유형의 사람"이라고 변론하면서 사면하자고 설명하였다.

스키피오가 이런 기질을 가진 채 최고 권한을 계속 누렸다면 그의 영광과 명성은 빛이 바랬을 것이다. 다행히 그는 원로원의 명령에 스스로 복종함으로써 이처럼 유해한 기질을 표면에 드러내지 않았을 뿐 아니라 오히려 자신을 영광의 자리에 앉혀 놓았다.

이제 본론으로 돌아와서 결론을 맺는다면 백성이 군주를 사랑함은 신민들의 뜻이다. 그리고 두려워함은 군주의 뜻이다. 요컨대 현명한 군주라면 자기의 방침에 따라야지 결코 남의 생각에 의존해서는 안 된다. 다만 앞에서 말한 것과 같이 미움을 받는 일만은 결단코 피하도록 해야 한다.

제18장_ 군주는 어떻게 신의를 지켜야 하는가

한 군주가 언약을 지키며 기만책을 쓰지 않고 공명정대하게 산다는 것은 칭찬받을 만한 일임은 누구나 알고 있다. 그러나 오늘날의 사건들은 신의가 없고 계략으로 사람들을 혼란시키는 군주가 오히려 더 위대한 일을 성취했음을 보여주고 있다. 특히 이런 군주들이 신의의 행동에 바탕을 두고 있는 군주들을 압도해 왔다.

그러므로 싸움에는 두 가지 방법이 있다. 하나는 도리에 의한 것이며 다른 하나는 힘에 의한 것이다. 전자는 인간 본연의 길이며 후자는 야수의 짓이다. 그러나 대개의 경우는 첫 번째 방법만으로는 부족하여 어쩔 수 없이 두 번째 방법을 병용하여야 한다.

따라서 군주는 인간에게 합당한 방도를 사용할 뿐만 아니라 야수의 짓을 교묘히 구사할 줄 알아야 한다. 고대 저술가들은 군주들에게 우회적인 방법으로 이 정책을 가르쳤다. 예를 들면 그들은 아킬레스를 비롯하여 많은 고대의 영웅들이 반인반수의 카이론에게 위탁되어 보호되고 양육되었다는 점을 이야기하고 있다.[50]

여기서 반인반수를 스승으로 섬겼다는 것은 군주가 이런 양면적인 기질을 구사할 줄 알아야 한다는 것을 뜻함이다. 이것들 중 어느 한쪽이 결여되면 군주의 지위를 오래 유지할 수 없음을 상징하는 것이다.

그렇다면 군주는 야수처럼 행동하는 법을 배울 필요가 있다. 이런 경우에 군주는 특히 여우와 사자의 성질을 동시에 갖추어야 한다.[51] 왜냐하면 사자는 책략의 함정에 빠지기 쉽고, 여우는 늑대를 힘으로 당하지 못하기 때문이다. 따라서

---

50) 카이론은 반은 사람 반은 짐승의 Kentaur족 중의 현자. 의술과 음악에 통달함. Achilles, Iason, Asklepios들을 양육.
51) 여우와 사자의 성질 비유는 키케로의 『의무론』에서 착상한 것으로 알려지고 있다.

군주는 함정을 알아차리기 위해서는 여우가 되어야 하고 늑대를 혼내주려면 사자가 되어야 한다. 그저 사자의 힘에만 의지하는 자는 사태를 제대로 이해하지 못한다.

그렇기 때문에 현명한 군주는 신의를 지키는 것이 자기에게 불리하게 작용할 때, 그리고 약속을 맺은 이유가 더 이상 존재하지 않을 때에는 신의를 지킬 수 없으며 또 지켜서도 안 된다. 물론 이런 가르침은 모든 인간이 선하다는 가정하에서는 있을 수 없다.

인간은 사악하기 때문에 신의가 없으며 약속을 충실히 지키지 않는다. 따라서 군주도 그들과 맺은 신의에 구속되어서는 안 된다. 게다가 약속을 지키지 못한 것에 대한 그럴듯한 이유는 항상 발견되기 마련이다.

이 점에 관해서는 근래의 예를 무수히 들 수 있다. 군주의 불성실로 얼마나 많은 평화협정이 파기되었고 효력을 잃었던가. 여우의 기질을 가장 잘 구사한 군주가 가장 많은 번영을 누린 군주라는 것도 우리는 알고 있다.

군주는 여우의 기질을 교묘하게 위장하여 숨길 줄 알아야 한다. 이것은 절대적으로 필요하다. 군주는 능숙한 기만자이며 위장자여야 한다. 더구나 인간은 매우 단순하기 때문에 눈앞의 필요성에 의해서 움직이기 쉽다. 그래서 능숙한 기만자는 속고자 하는 사람들을 항상 쉽게 발견할 수 있다.

최근의 실례 가운데 빠뜨릴 수 없는 것이 하나 있다. 교황 알렉산더 6세는 사람을 속이는 일에만 몰두했다. 그가 매번 사람들을 속이는 기회 포착과 수법은 무궁무진했다. 이 교황처럼 모든 일에 있어 강력하고 확고한 맹세로 자기의 언약을 뒷받침하면서도 그 약속을 도외시한 사람은 없을 것이다. 그럼에도 불구하고 그는 인간의 단순성을 잘 활용했기 때문에 그의 기만은 항상 효과를 거두었다.

그러므로 군주는 상기한 모든 성품을 갖출 필요는 없다손 치더라도 꼭 그런 것처럼 보여야만 한다. 더 솔직하게 말을 한다면 나는 군주가 그러한 성품을 갖추고 늘 가꾸는 것은 해로운 반면 갖추고 있는 것처럼 보이는 것은 유용하다고 감히 장담한다.

자비심이 많다든가, 신의가 두텁다든가, 인정이 있다든가, 표리부동하지 않다든가, 경건하다고 믿도록 하는 그것이 중요하고 실제로 그런 것이 좋다. 그러나 이런 기질과 달리 행동하는 것이 필요하면 당신은 정반대로 행동할 자세도 취할 수 있어야 하며, 그럴 수 있다는 자신감을 평소에도 갖고 있어야 한다.

그리고 군주는, 특히 신생군주는 보통 좋다고 여겨지는 방법으로 처신할 수 없다는 점을 분명히 이해해야 한다. 왜냐하면 자신의 권력을 유지하기 위해서 종종 신의를 저버리고, 자비심을 버리고, 비인도적으로 행동하고 종교의 계율을 무시하도록 강요당하기 때문이다. 따라서 군주는 운명의 변화와 사태의 변화에 따라 자유자재로 행동할 줄 알아야 한다.

또 앞에서 언급한 것과 같이 군주는 가급적이면 올바른 행동으로부터 멀어지지 않아야 하겠지만, 필요할 때에는 악의 길에도 서슴지 않고 발을 들여놓을 줄 알아야 한다.

현명한 군주는 바로 앞에서 이야기한 다섯 가지의 성품에 어긋나는 언행은 결코 하지 않도록 매우 조심해야 한다. 그래서 군주는 사람들을 끌어들여 대화를 나눌 때 그들이 군주를 어디까지나 성실하고, 신의가 두텁고, 언행이 일치하고, 인정이 많고, 신실한 사람이라고 느낄 수 있도록 마음을 쓰지 않으면 안 된다.

그중에서도 특히 신실한 사람인 것처럼 생각하게 하는 것이 매우 중요하다. 이러한 문제에 관해서 대부분의 사람들은 손으로 만져서 판단하기보다 눈으로 보고 판단하기 마련이다. 왜냐하면 모든 사람들은 군주를 바라볼 수는 있지만 직접

만져볼 수 있는 사람은 소수이기 때문이다.

모든 사람들이 군주가 어떻게 나타나는가를 볼 수 있는 반면에 당신의 진면모에 대해서 직접 경험할 수 있는 사람은 소수에 불과하다. 그리고 그러한 소수의 사람들도 군주의 위엄에 의해서 유지되는 다수의 여론을 반대하지는 못한다. 더구나 재판소가 소환하여 심문할 수 없는 사람들의 행위, 특히 군주의 행동에 관해서는 결과만이 중요할 뿐이다.[52]

군주에게는 전쟁에서 반드시 승리하고 나라를 평안하게 유지하는 것이 제일의 가치이다. 그러면 그의 수단은 모든 사람에 의해서 항상 명예롭고 찬양받을 만한 것으로 판단될 것이다. 왜냐하면 대중은 언제나 밖으로 나타나는 것과 결과에 감명을 받기 때문이다. 이 세상은 보통 사람들이 압도적 다수이고 다수가 정부와 의견을 같이 할 때, 소수는 고립되기 마련이다.

여기서 이름을 굳이 밝히지는 않겠지만 우리 시대의 한 군주[53]는 입으로는 평화와 신의를 부르짖고 있으나 실은 이 두

---

52) 이 구절은 『전략론』 제1권 제9장 "주어진 결과가 훌륭하면 언제나 범하여진 죄는 씻어진다"라는 말과 더불어 소위 마키아벨리즘 - 목적을 위해서는 수단과 방법을 가리지 않는다는 주의 - 의 전형으로 자주 인용된다. 그러나 마키아벨리는 후대 사람들이 과장하여 생각하듯 목적과 수단을 엄밀히 구분하지는 않았다. 또 그가 늘 강조했던 "군주가 책략을 쓸 경우는 긴급한 사태 때에만"이라는 것이다. 때문에 이 구절을 마키아벨리의 일반론으로 혼동하여서는 안 된다.

53) 스페인 왕 Ferdinand 5세를 가리킴.

가지를 모두 반대하고 있다. 만약 그가 평화와 신의를 고지식하게 존중해 실천에 옮겼더라면 지금쯤 자신의 평판이나 권력을 잃었을 것이며, 이미 그의 명성은 남아 있지 않았을 것이다.

제19장_ 경멸과 증오는 어떻게 피해야 하는가

인간의 성품 중에서 가장 중요한 것에 관해서는 앞에서 이미 논의했기 때문에 이제 그 외 성품들을 위와 같은 일반적인 제목하에 종합하여 간단히 논의하고 싶다.[54]

내가 이미 앞에서 부분적으로 설명한 것과 같이 군주는 되도록 경멸이나 증오를 받는 일은 무엇이든지 삼가야 한다. 이것들만 피할 수 있다면 군주의 임무는 반드시 성취될 수 있을 것이며, 비난받을 행위가 다소 있더라도 그것이 그를 위험으로 몰아넣지는 않을 것이다.

---

54) 군주의 기질에 관해서 관후함과 인색함 ; 제16장 참조, 잔인함과 인자함 ; 제17장 참조, 교활함과 신의 ; 제18장 참조의 이해득실을 논의함. 이 장에서는 다른 기질들을 일괄하여 논의한다.

군주가 가장 크게 미움을 받는 경우는 이미 이야기한 바와 같이 탐욕적이어서 신하의 재산과 부녀자를 강탈하는 행위를 저지르는 때이다. 이 일만은 스스로 경계하지 않으면 안 된다. 대다수의 사람들은 재산과 명예를 빼앗기지 않으면 만족하면서 살기 마련이다.

따라서 군주가 싸워야 할 적은 소수의 야심가뿐이다. 이들의 야심은 다양한 방법으로 쉽게 제압할 수 있다. 군주가 경멸받는 것은 그가 변덕이 심하고 경박하며, 부드럽고 소심하며, 결단력이 없다고 보일 때[55]이다. 군주는 이런 것들을 마치 암초를 피하듯이 피해야 한다.

군주는 어떤 행동을 하더라도 당당함, 용맹성, 신중함, 강건함을 과시하도록 애써야만 한다. 다음으로 군주는 신하들과의 사사로운 분쟁에 있어서 한 번 내린 결정을 절대로 철회하지 않도록 해야 한다. 군주는 이러한 평판을 유지해서 어느 누구도 감히 그를 속이거나 농락할 엄두도 내지 못한다는 사실을 모두의 머릿속 깊이 심어주어야 한다.

이러한 평판을 창출하는 데 성공한 군주는 사람들로부터

---

55) 이런 성질들은 아리스토텔레스가 『정치학』에서 군주가 피해야 한다고 말했다.

탁월한 명성을 누릴 것이다. 군주가 탁월한 인물이어서 부하들로부터 경애받고 있음이 널리 알려지면 그 지역을 침략하겠다고 마음먹기는 대단히 어렵다. 또한 이런 군주에게 반란을 일으키는 것도 매우 어렵다.

군주에게는 크게 두 가지의 근심이 있다. 하나는 백성이 일으키는 내우요, 또 하나는 외국세력으로부터 받는 외우다. 외세의 위협에 대해서는 좋은 군비와 믿을 만한 동맹이 효과적인 방어책이다. 더구나 훌륭한 군비를 가지는 것은 항상 믿을 만한 동맹을 가지는 것으로 귀결된다. 그 나라가 내란으로 어지럽혀진 일이 없고, 대외관계까지 안정되어 있다면 국내 안정은 저절로 지켜지는 것이다.

설령 대외적인 위협이 존재하더라도 국내질서가 안정되어 있고, 국력만 쇠퇴하지 않았다면 어떤 침략도 반드시 견뎌낼 것이다. 이런 사실은 앞서 논의한 스파르타의 나비스의 행동에서 볼 수 있는 것과 같다. 국외정세가 안정되어 있으면 백성에 관한 군주의 유일한 두려움은 그들이 몰래 음모를 꾸미는 것이다.

이 점에 대해서 군주는 그가 미움과 경멸을 받는 것만 피한다면 효과적으로 자신을 보호할 수 있을 것이며 사람들로 하여금 그에게 만족하게 할 수 있다. 그리고 이미 앞에서 여러

번 강조한 것과 같이 군주의 통치에 대한 백성의 만족은 절대
적으로 필요한 것이다.

군주가 반란을 면하려면 백성의 미움을 사지 말아야 한다.
반란을 일으키는 음모자들은 항상 군주를 암살하는 것이 백
성을 만족시킬 것이라고 믿고 일을 꾀하기 때문이다. 그러나
반란에는 항상 많은 어려움과 위험이 따르기 때문에 그것은
힘들고 어려운 일이다. 때문에 군주의 죽음이 국민의 노여움
을 불러일으킨다면 반란자들은 위험한 계획을 세우지도 않을
것이다.

이제까지 인류는 무수한 반란을 경험했지만 역사상 성공한
예는 매우 적다. 음모자는 단독으로 반란을 일으킬 수 없으며
반드시 협조자들이 있어야 한다. 이런 협조자들은 불평불만
을 가득 품은 것으로 보이는 사람들 중에서 나온다. 음모의
주도자가 한 명의 불평분자에게 본심을 털어놓으면 그것은
그의 불만을 해소할 수 있는 기회를 주는 셈이다.

바꾸어 말하면 음모자가 비밀을 털어놓음으로써 상대방은
자기의 이익을 보상받을 수 있다는 언질을 받게 된다. 그래서
그는 음모가 성공할 경우 음모자 쪽에 붙는 것이 확실한 이익
을 보장한다고 생각할 것이다. 그러나 음모에는 항상 많은 위

165

험과 불확실한 이득이 따른다. 그럼에도 불구하고 그가 음모자를 배반하지 않는다면, 그는 음모자의 둘도 없는 친구이거나 군주와 화해할 수 없는 적임이 분명하다.

요컨대 음모자에게는 단지 발각이나 배신의 공포와 끔찍한 처벌이 있는 데 반해, 군주는 한편으로 그의 지위에 수반되는 명성과 다른 한편으로 동맹으로부터의 원조는 물론 법과 자기 마음대로 처분할 수 있는 정부의 자원을 가지고 있으며, 이 모두는 그의 생존을 확보하게 하는 것이다.

이 모든 이로운 점에다 국민으로부터 두터운 신망까지 받고 있다면 어떠한 인간일지라도 그리 쉽게 반란을 일으킬 수는 없다. 그렇지 않아도 반란을 일으키는 자는 통상 그 거사에 있어서 공포에 사로잡히기 마련이다. 하물며 국민이 군주 편에 서면 대중을 적으로 만들기 때문에 목표했던 일이 끝난 후에도 대중들로부터 어떠한 도피처도 발견할 수 없게 된다.

이 문제에 관해서는 많은 실례를 들 수 있다. 그러나 나는 우리의 조상들이 직접 겪은 단 하나의 역사상의 사실만을 예시하는 데 그치겠다.

현재의 안니발레 영주의 조부로 옛날 볼로냐의 군주였던 안니발레 벤티볼리오는 칸네스키 집안사람들의 음모에 의해 살해되었다.[56] 따라서 그의 집에는 아직 갓난아이였던 죠반니 2세만이 남겨졌다. 그러나 안니발레가 살해된 직후 국민이 봉기하여 칸네스키 일가를 모두 참살했다.

이것은 당시 벤티볼리오 가문이 민중의 두터운 신망을 얻고 있었기 때문이며, 국민의 신망은 정말 대단한 것이었다. 안니발레가 죽은 후 그 일가에는 볼로냐를 통치할 자가 없었다. 당시 피렌체의 어느 대장간 집 아들이 벤티보글리 가의 혈통을 이은 자라는 말이 풍문으로 들려왔다. 그래서 볼로냐 시민들은 그를 찾으러 피렌체에 왔으며, 그 사나이를 데려다가 도시의 정권을 임시로 맡기기로 했다. 이렇게 하여 그는 죠반니가 성년이 되어서 정무를 맡을 수 있을 때까지 그곳을 통치했다.

그러므로 나는 군주가 국민의 호의를 얻고 있을 때에는 반란에 대해서 걱정해야 할 이유가 그다지 없다고 결론을 짓는다. 그러나 국민이 적의를 품고 군주에 대한 미움을 갖게 된다면 군주는 매사에 모든 사람을 두려워하는 것이 당연하다고 결론지을 수 있겠다.

---

56) 안니발레 벤티볼리오는 Canneschi 일족의 반란으로 1445년 살해됨. 반란자들은 성공한 듯 보였으나 그 후에 영주에 호의를 가졌던 국민의 저항을 만나 Canneschi 일족은 살해되거나 추방됨.

질서가 잡힌 나라나 현명한 군주는 귀족들을 실망시키지 않는다. 그러면서도 군주는 국민을 만족시키기 위해서 항상 만반의 주의를 기울여 왔다. 이것이 모든 군주가 행해야 할 가장 중요한 일 중 하나인 것이다.

작금에 질서가 잡히고 잘 통치되고 있는 나라들이 몇몇 있다. 말하자면 프랑스 왕국이 그중의 하나이다. 이 나라에는 국왕의 자유와 안전의 밑받침이 되는 훌륭한 제도들이 많다. 그중에서도 가장 뛰어난 것이 고등법원[57]이며, 그 권위는 대단하다.

이 나라를 개혁한 사람은 권력자들의 야심과 그 횡포를 익히 알고 있었기 때문에 이것을 바로잡기 위해서 제약이 필요하다고 생각했다. 반면에 그는 국민들이 귀족을 두려워하고 미워한다는 점을 알고 있었기 때문에 그들을 보호하는 것도 고려했다. 그러나 그는 이 견제의 역할을 왕의 임무로 삼고 싶지는 않았다.

왜냐하면 군주가 국민들을 선호한다는 이유로 귀족들의 미움을 사거나 반대로 귀족들을 선호한다는 이유로 국민들에게 미

---

57) Parliament : 13세기에 루이 9세가 프랑스에 고등법원 제도를 창설함. 고등법원은 국왕의 명령에 따라 수시로 소집되었다.

움을 사는 역할을 하는 것을 원하지 않았기 때문이다. 그 결과 그는 왕이 직접 적의를 불러일으킬 필요가 없는 중립적인 기관을 내세워 귀족들을 견제하고 작은 세력을 보호할 수 있었다.

진실로 이보다 우수하고 이처럼 용의주도한 제도는 없을 것이다. 국가와 국왕의 안전을 지킨다는 점에서는 이보다 훌륭한 제도가 없다. 특히 여기서 또 하나 유의해야 할 점은 미움을 받는 역을 다른 쪽으로 떠넘기고 군주는 혜택만을 베푸는 입장에 서는 것이다.

결론을 다시 한번 강조하면 군주는 권력자들을 존중하되 국민의 미움 또한 사지 말아야 한다는 것이다.

그러나 로마 황제들의 생애와 죽음을 고찰하면서 적지 않은 사람들이 이렇게 느낄지도 모르겠다. 로마의 황제들 중 몇몇은 언제나 현명한 길을 걷고 위대한 성품을 보여주었지만 군인들이나 대신들의 음모로 권력을 잃거나 부하들의 반란으로 인해 목숨을 잃은 자들이 있었다.

이것은 나의 주장과는 정반대의 예들이 아니냐는 것이다. 내 이론과 이 사례들이 모순되지 않음을 명백히 해두려고 한다. 아울러 당시에 행해진 행적들을 연구하는 사람이라면 누구에게나 중요한 요소들을 강조하고 싶다. 이 점 또한 철학자

마르쿠스 아우렐리우스부터 막시미누스에 이르기까지 간단
하게 고찰하겠다.

마르쿠스 아우렐리우스와 그의 아들 콤모두스, 페르티낙
스, 율리아누스, 세베루스와 그 아들 카라칼라, 마크리누스,
헬리오가발루스, 알렉산더, 막시미누스의 황제들이 이에 해
당한다.

여기서 우선 지적할 것은 다른 군주국가에서는 귀족의 야
심과 국민의 봉기만을 염두에 두면 되지만, 로마 황제들은 군
인의 잔악함과 탐욕스러움도 견뎌야만 하는 제3의 난관을 갖
고 있다는 것이다.

이것은 특히 힘든 것으로 많은 황제들이 이 때문에 파멸했
다. 일반적으로 평화를 사랑하는 온화한 군주에게는 백성이
따랐다. 그러나 이와 반대로 병사들이 원한 것은 호전적이고
오만하고 잔혹하고 탐욕스런 군주였다.

따라서 병사와 백성을 동시에 만족시킨다는 것은 매우 어
려운 일이다. 더구나 병사들은 자기네들이 바라는 그런 군주
의 태도를 백성들에게도 적용시키기를 바랐다. 그렇게 함으
로써 그들은 급료 인상과 잔인성의 배출을 기대했다.

그 결과 천부적인 재질이나 경험이 부족하여 양쪽 세력을

동시에 누를 수 있는 명성을 얻지 못한 군주는 반드시 멸망했다. 이 상반된 주변 분위기의 어려움에 직면할 때 대다수의 황제들, 그중에서도 새로 제위에 오른 군주들은 군인들과 영합하려고만 고심할 뿐 백성들이 박해를 당하는 일에 관해서는 별로 개의치 않았다. 그들은 이런 식의 정책을 따르도록 강요당했다.

군주가 그 누구에게도 미움받지 않는다는 것은 불가능하므로 군주는 우선 최대한 많은 사람들로부터 미움을 받지 않도록 노력해야 한다. 그리고 만약 이것이 실행되지 않을 때 군주는 적어도 세력 있는 집단으로부터의 미움을 피하도록 노력할 필요가 있다.

그 결과 신생군주이기 때문에 특히 강력한 지지가 절실히 필요한 황제들은 백성에게 기대기보다는 군대에 가담한다. 그러나 이런 방침이 그 황제에게 유익한 것인가의 여부는 군주에 대한 군인들의 존경을 유지할 수 있느냐에 달려 있었다.

바로 이런 이유 때문에 마르쿠스 아우렐리우스[58]나 페르티

---

58) 기원전 121~180 : 진중에서 쓴 『자성록』을 남기고 있다. 이 책은 로마 제정기의 스토아 철학의 대표작이다. 그는 마음이 넓고 어질어 백성을 사랑하였다. 관례에 따르지 않고 Commodus를 후계자로 한 것은 그의 잘못이다.

낙스, 알렉산더는 모두 겸허한 생활을 하였고, 정의를 사랑하고 잔혹을 피했다. 또한 인정미가 넘쳐흐르고 인자했음에도 불구하고 마르쿠스를 제외한 다른 황제들은 비참한 최후를 마쳤다.

단지 마르쿠스 아우렐리우스만이 명예롭게 살다가 세상을 떠났다. 왜냐하면 그가 세습에 의해서 제위에 오른 황제였기 때문에 군인이나 백성들로부터 어떤 특별한 인정을 받아야 할 필요가 없었기 때문이다. 게다가 그는 많은 미덕을 몸에 지녔고, 사람들로부터 칭송을 받아 재위 기간 내내 군인과 국민을 통제할 수 있었다. 또한 경멸을 받거나 미움을 사는 일은 피했다.

그러나 페르티낙스는 병사들의 뜻에 반하여 제위에 오른 황제였다. 더구나 병사들은 콤모두스 황제 치하에서 자유로운 생활을 즐겨왔기 때문에 페르티낙스가 그들에게 부여한 규율을 참을 수 없었다. 그 때문에 황제는 원한을 샀고 더구나 노령이었기 때문에 경멸까지 받았다. 이리하여 그는 제위에 오른 지 얼마 되지 않아 피살되었다.

여기서 중요시 할 것은 사람의 원한은 악행에서 뿐만 아니라 선행에서도 초래될 수 있다는 점이다. 앞에서 이야기한 것처럼 군주가 자신의 권력을 보존하고자 하면 이따금 선하지 못한 일도 행하도록 강요받는다. 그러나 당신이 군주의 자리를 지킴에 있어서 자기편으로 동조시켜야 할 백성이나 군대 혹은 귀족이라는 집단이 부패하여 있으면, 당신은 이들을 만족시키기 위해서 그들의 성향에 비위를 맞추어야 한다. 이런 경우에 선행은 당신에게 유해하다.

여기서 화제를 알렉산더로 옮겨 보자. 이 황제의 청렴함은 탁월해서 많은 일로 칭송을 받았다. 그가 받은 칭송 중에 대표적인 것으로 14년에 걸친 재위기간 동안 재판을 거치지 않고 처형한 사람은 단 한 사람도 없었다는 사실은 가히 놀랄 만하다.

그럼에도 불구하고 이 황제는 유약해서 어머니의 치마폭에 싸인 인물로 여겨졌기 때문에 경멸을 받게 되었다. 결국 그는 군대의 모반으로 살해당했다.

그러면 다음에는 콤모두스, 세베루스, 안토니누스 카라칼라, 막시미누스의 기질들을 검토해 보자. 이들은 모두 지극히 잔인하고 욕심도 많았다. 이들은 군인들을 만족시키기 위하여 백성들에게 모진 학대와 비행을 저지르는 것을 망설이지 않았으며, 결국 세베루스를 제외하고 모두 비참한 최후를 맞았다.

세베루스[59]는 위대한 용기와 탁월한 역량을 몸에 지니고 있었다. 비록 백성을 무거운 세금으로 학대했지만 다양한 능력이 있어서 군대를 자기편에 둠으로써 통치를 끝까지 할 수 있었다. 이러한 역량 덕에 그는 군인들에게나 백성들에게 탁월한 인물로 비쳤는데, 백성들은 놀라움과 경외심을 가지고 그를 바라보았고 군인들은 그를 존경하고 만족스럽게 여겼다.

어떻든 세베루스의 행동은 신생군주로서는 매우 인상적이기 때문에 내가 군주에게 필연적으로 요구된다고 말한 바 있는 여우와 사자의 기질을 그가 얼마나 탁월하게 발휘했는가를 간단하게 살펴보기로 하자.

세베루스는 율리아누스 황제의 무능함을 꿰뚫어 보고 있었다. 그래서 그는 자기의 지휘하에 있었던 슬라보니아 주둔의 군대에게 친위대에 의해 살해당한 페르티낙스의 복수를 위하여 로마로 진격할 것을 호소했다. 그는 로마로 진격하였다.

그러나 이것을 구실로 삼아 제위를 노리고 있다는 것은 전혀 드러내지 않았다. 그가 슬라보니아를 떠났다는 소문이 로마에 전해졌을 때 이미 그의 군대가 이탈리아에 도착했다. 그

---

59) 146~211 : 수하의 군대에 의하며 황제에 옹립되어 로마에 입성하였다. 근위군을 해산하고 새로이 친위군을 편성하여 각지의 정적을 박멸하고 독재권을 확립했다. 그 후 Britannia로 향하여 카레도니아 진출을 기도하였으나 성공치 못하고 에프라쿰에서 병사하였다.

가 로마에 도착했을 때 겁을 먹은 원로원은 그를 황제로 선출하고 율리아누스를 처형했다.

세베루스는 이 일을 계기로 전 제국을 장악하려는 야심을 품었다. 그러나 그에게는 아직도 두 가지 난관이 남아 있었다. 그중 하나는 아시아에 있었는데 거기에는 아시아 군대의 사령관인 니그리누스가 황제를 자칭하고 있었다. 또 다른 하나의 난관은 서방에 있었는데 거기서 알비누스가 역시 제위를 노리고 있었다.

그래서 그는 두 사람을 동시에 적으로 만드는 것이 불리하다고 보고 니그리누스를 먼저 공략하고 알비누스는 책략으로 다스리려고 결심했다. 그는 알비누스에게 먼저 편지를 보내서, "나는 원로원이 추대한 황제이지만 이 황제의 존엄을 그대와 함께 누리고 싶어 시이저의 칭호를 보낸다. 따라서 원로원의 결정에 의하여 그대와 나는 같은 대열에 서게 되었다."고 알렸다.

알비누스는 이것을 믿었다. 세베루스는 이윽고 니그리누스와의 싸움에 이겨 그를 죽이고 동방의 사태를 수습하여 로마로 개선하여 왔다. 그리고 그는 원로원에 호소하여 알비누스는 자기가 애써 바친 은덕을 저버리고 변절한 배은망덕한 자로서 오히려 자기를 없애려고 하니 이를 좌시할 수 없으며 따라서 응징하기 위해서는 군대를 진격시켜야 한다고 주장했다. 그리고 그와 대결하여 프랑스에 있는 영지를 빼앗고, 그의 생명을 빼앗았다.[60]

이러한 세베루스의 행적을 면밀히 살펴보면 누구나 그가 매우 용맹한 사자이며, 동시에 매우 교활한 여우라는 것을 느낄 수 있을 것이다. 모든 사람들로부터 두려움과 존경의 대상이었으며 더구나 군대로부터 미움받지 않은 인물임을 발견할 것이다. 그러하기 때문에 새로 들어온 황제인 그가 그토록 거대한 제국을 지배할 수 있었다는 사실은 그다지 놀라운 일이 못 된다. 그를 둘러싼 어마어마한 명성이 그에게 품었을지도 모르는 백성들의 원한을 눌러 버렸기 때문이다.

그의 아들인 안토니누스 카라칼라도 탁월한 성품을 지닌 걸출한 인물이었다. 백성들로부터는 찬양을, 군인들로부터는 호감을 얻었다. 그는 강건한 전사로 전쟁에 능했고, 어떤 역경도 견뎠으며, 사치스러운 음식과 모든 종류의 유약함을 배격하는 사람이었다. 이로 인해서 모든 군인들은 그를 경애했다. 그럼에도 불구하고 그의 잔인성과 만행은 전대미문의 것

---

60) Severus는 Albinus의 군대를 프랑스의 Lyon에서 격파하고 Albinus를 생포하여 로마에서 처형했다.

이었다. 다수의 로마 시민과 알렉산드리아의 모든 사람은 물론 수많은 개인들이 그에게 살해되었다. 그 결과 세상의 모든 사람들이 그를 증오하게 되었고, 끝내는 측근들마저 그를 두려워하기 시작했다. 그 결과 그는 군대의 사열을 받던 중 백인대장의 손에 의해 살해당하고 말았다.

여기서 유의해야 할 점은 원한에 사무친 적의 단호한 결심에 의해서 저질러진 암살은 군주라고 할지라도 피하지 못한다는 것이다. 왜냐하면 죽음을 각오한 인간은 상대가 누구라 할지라도 해를 가할 수 있기 때문이다.

그러나 이런 위험은 매우 드물게 일어나기 때문에 그다지 두려워할 필요가 없다. 단지 군주는 안토니누스가 그랬던 것처럼 시중드는 측근이나 자기가 부리는 자들에게는 심한 가해행위나 모욕을 가하지 않도록 조심해야 한다.[61]

안토니누스는 매우 악독한 방법으로 백인대장의 형제를 죽였고, 지속적으로 그 백인대장을 위협했으나 그에게 여전히 경호업무를 맡겼다. 이것은 너무나 경솔한 결정이었고, 파멸을 자초하는 행동이었다. 그래서 카라칼라는 파멸한 것이다.

그러면 이제 콤모두스[62]로 이야기의 방향을 옮겨보자. 그

---

61) 『정략론』 제3권 제6장 참조.

는 마르쿠스 아우렐리우스의 아들로서 상속법에 의하여 제위를 계승했기 때문에 쉽게 권력을 유지할 수 있었을 것이다. 그는 단지 부친의 행적을 답습하는 것만으로 족했을 것이며, 그렇게 했더라면 군인과 백성을 동시에 만족시킬 수 있었을 것이다.

그러나 그는 본성이 잔인하고 야수적인 사나이였기 때문에 자기의 탐욕을 채우려고 군인들의 비위를 맞추면서 백성을 제물로 삼아 그들이 제멋대로 행동하도록 방치했다. 이 밖에도 그는 황제의 위엄을 유지하기 위해서 몸가짐을 조심하지 않았다. 그는 종종 몸소 투기장에 내려가서 검투사들과 싸우기도 했다. 또한 그는 황제의 품위를 손상시키는 다른 많은 일을 했기 때문에 끝내는 군인들에게도 경멸의 감정을 불러일으켰다. 이처럼 그는 국민들에게서 미움을 받고 군인들에게서도 경멸과 증오를 받았기 때문에 결국 음모에 의해 살해되었다.

이제는 막시미누스[63]의 성격을 설명하는 것만이 남았다. 이 황제는 매우 용맹한 사람이었다. 그래서 앞에서 말한 알렉산

---

62) 161~192 : Aurelius의 아들. 신하들만을 사랑하는 정치를 하였고 잔학무도하여 원로원과 대립, Herakles의 재현으로 자처하여 투기장에 나타나기도 했다. 음모에 선동된 장사에게 교살되었다.

더 황제의 유약함에 진저리가 난 군대는 황제를 살해하고 막시미누스를 황제로 추대했다.

그러나 그는 황제의 자리에 오래 머무르지 못했으며, 두 가지 이유로 미움과 경멸을 받게 되었다. 그중 하나는 그가 미천한 신분 출신이었다는 점이다. 원래 그는 트라키아 지방의 목동이었다. 이 사실이 사람들에게 널리 알려졌고, 이로 인해서 그는 모든 사람의 눈에 비천하게 보였다.

또 한 가지 이유는 그의 잔인성이었다. 그는 로마 황제에 추대되었음에도 불구하고 스스로 나아가 황제의 옥좌에 앉으려 하지 않았다. 그가 파견한 장관들은 로마와 제국 각지에서 그의 명령을 수행하면서 수많은 가혹한 행위를 거듭했다. 그 결과 그는 잔인한 사나이라는 평판을 얻게 되었다.

세상 사람들은 모두 그의 비천한 혈통을 경멸하고, 잔악무도한 행위를 증오하게 되었다. 그래서 먼저 아프리카에서 황제를 배반했고, 이어서 로마와 원로원이 온 백성과 함께 반기를 들었으며, 급기야는 전 이탈리아가 그에 대한 반란을 일으켰다.

---

63) 173~238 : Thracian의 농민 출신. 알렉산더의 암살 후, 장신·거구·대식가로 부하들의 신망을 얻어 최초의 군인 황제로 추앙되었다. Rhein, Donau 지방의 미개민족을 정벌하였으나 원로원을 무시한 죄로 공적으로 선언 받아 이탈리아 진군으로 가던 중 부하의 손에 죽었다.

마지막으로 그 자신의 군대도 반란을 일으켰다. 군인들은 당시 아퀼레이아를 포위해 공략하고 있었는데 매우 어려운 작전이라 지쳐 있었다. 그렇지 않아도 그들은 황제의 잔인함에 대한 분노를 참지 못하던 차였는데, 황제의 반대세력이 너무도 방대한 것을 알고는 그를 살해해 버리고 말았다.

나는 헬리오가발루스[64]와 마크리누스, 그리고 율리아누스에 대해서 논의하지는 않겠다. 왜냐하면 그들은 너무나 큰 경멸을 받아서 황제의 자리에 오르자마자 곧 그 세력이 말살되었기 때문이다.

그러면 이제 결론으로 들어가기로 하자. 오늘날에는 옛날과 달리 군주가 상식을 벗어난 수단을 불사하고 자국의 병사들에게 만족을 주어야 하는 그런 어려움은 적어졌다.

현대에서도 군주가 군인에게 갖는 다소의 배려는 불가피하나 어떤 문제들이든지 쉽게 풀 수 있다. 왜냐하면 지금의 군주는 로마제국의 군대처럼 오랫동안 일정한 지역에 주둔하면서 그 지역을 지배하고 행정업무를 통할하는 그러한 군대를 가지고 있지 않기 때문이다.

---

64) 204~222 : 14세에 군대의 힘을 얻어 황제에 즉위하였다. 소행이 좋지 못하여 역시 군대의 폭동으로 곧 살해되었다.

로마 시대에는 백성들보다도 군인들이 더 많은 권력을 쥐고 있었다. 따라서 군주는 당연히 백성보다도 군대를 만족시킬 더 많은 필요가 존재했다. 그러나 오늘날은 투르크의 국왕이나 이집트의 술탄을 제외한다면 어느 나라에서나 국민이 군인들보다 강력하기 때문에 국민을 만족시킬 더 많은 필요성이 있다.

투르크를 제외한 이유는 1만 2천의 보병과 1만 5천의 기병이 항상 국왕을 보필하고 있으며, 왕국의 안전과 태평은 병사의 손에 달려 있기 때문에 다른 배려는 일체 뒤로 미루고라도 국왕은 군대와의 친선을 도모하지 않으면 안 된다. 이 나라와 마찬가지로 술탄 회교국에서도 모든 것이 군대에 의해 장악되었다. 그래서 국왕은 백성들에게 눈을 돌리기보다 군인들과 먼저 영합하지 않으면 안 되었던 것이다.

그중에서도 술탄 회교국은 많은 점에서 다른 군주국과는 다르다. 이 나라는 세습군주국도 신생군주국도 아니다. 오히려 그 제도는 그리스도교 교황권의 제도와 닮았다. 말하자면 군주의 아들이 군주의 계승자가 되는 것이 아니라 선거권을 가진 사람들이 군주를 선출한다. 이 제도는 예로부터 내려오는 것이므로 그 군주를 신생군주라고 할 수 없다.

터키의 왕자 젬
술탄 바예지드 2세의 형제이며 교황 이노센트 8세와 알렉산
더 6세의 포로였다. /핀투리키오의 프레스코화(부분), 로마,
바티칸

그곳은 신생군주국이 직면하는 모든 문제들을 가지고 있지
않다. 왜냐하면 비록 군주는 새로운 인물이지만 나라의 제도
자체는 오래전부터 정해져 있던 것이기 때문에 선출된 군주
도 마치 세습된 군주인 것처럼 맞아들이고 있기 때문이다.

그러면 다시 본론으로 돌아가자. 어쨌든 지금까지의 논의
를 종합해 보면 우리가 다룬 황제들의 파멸 원인이 한결같이
미움이나 경멸을 받은 것에서 기인함을 깨달을 수 있다. 이

황제들 중 어떤 사람은 겸허했다. 이상 논의된 바에서 똑같이 다른 사람들에게 잔혹했지만 성공한 자와 비참한 최후를 맞이한 자로 경우가 나뉜 것이 무엇에 기인하는가 하는 점을 깨달을 수 있으리라고 믿는다.

페르티낙스와 알렉산더는 신생군주였기 때문에 세습군주인 마르쿠스 아우렐리우스를 모방하려한 점은 오히려 백해무익했던 것이다. 같은 뜻에서 카라칼라나 콤모두스 또는 막시미누스가 세베루스처럼 처신한 것은 이들이 그의 발자취를 따를 만한 역량을 갖추지 못했기 때문에 위험한 일이었다.

그러므로 신생국의 새로운 군주는 마르쿠스 아우렐리우스나 세베루스의 행동을 맹목적으로 추종해서는 안되고, 또 모방할 필요도 없다. 오히려 그는 권력을 장악하기 위해서 필요한 조치를 취할 때에는 세베루스를 모방해야 할 것이고, 일단 권력을 장악하고 확립한 후 권력을 유지하기 위해서 필요한 조치를 취할 때에는 마르쿠스 아우렐리우스를 모방하여 영광을 누려야 할 것이다.

제20장_ 군주가 의지해 온 요새와
다른 많은 방책들은
유익한가 그렇지 않은가

어떤 군주는 자신의 권력을 보다 확고하게 유지하기 위하여 백성들의 무장을 해제했다. 어떤 군주는 복속된 도성에서 파벌을 조장했다. 어떤 군주는 자기 자신에 대한 적의를 일부러 선동했다. 어떤 군주는 정권을 장악한 초기에 의심스러운 자들을 자기편으로 회유했다. 어떤 군주는 요새를 구축했으나 다른 군주는 요새를 파괴했다.

이러한 대책들에 관해서 일정한 판단을 내릴 수는 없다. 우선 각 군주들이 제각기 결단을 내리기까지의 특수한 사정을 고려하지 않으면 안 된다. 그러나 여기서는 자료가 허용하는 한도 내에서라도 총괄적인 논의를 시도하고자 한다.

이제까지 신생군주들이 백성들의 무장을 해제시킨 적은 결코 없었다. 오히려 백성들이 무장을 갖추지 않은 것을 보면 새 군주는 반드시 이들을 무장시켰다. 왜냐하면 백성을 무장시킬 때 그 무기들은 군주 자신의 힘이 되기 때문이다. 이렇게 함으로써 군주를 불신하던 자들은 충성스럽게 되고, 원래 충성스러운 자들은 그대로 남아 있으며, 백성들은 확고한 지지자로 변모하게 마련이다.

혹시 백성 전체를 무장시킬 만한 능력이 되지 않을 때에는 이미 무장된 자들을 후대하면 나머지 다른 사람들로부터 당신을 확고하게 지킬 수 있다. 왜냐하면 전자는 후대를 받기 때문에 당신에게 더욱 충성할 것이다. 후자는 보다 위험도가 높은 임무를 수행하는 자들이 우대받는 것은 당연하다고 인정하고 군주의 행동을 납득할 것이다.

그러나 국민의 무장을 해제시킨다면 그것은 그들의 마음에 상처를 입히는 결과가 된다. 왜냐하면 군주가 유약하고 비겁하거나 아니면 그들의 충성심을 불신한다는 증거가 되는 것이기 때문이다. 이렇게 되면 국민이 군주를 미워하게 된다. 군주는 군사력 없이는 권력을 유지할 수 없기 때문에 결국 불가피하게 앞에서 논의한 바 있는 그런 종류의 용병제를 택하게 되는 것이다.

그러나 아무리 훌륭한 용병일지라도 그들은 강력한 적군이나 격노한 국민 앞에서 군주를 보호할 만큼 충성스럽지는 않다. 그렇기 때문에 신생군주국의 군주들은 반드시 국내에서 군대를 조직하여 왔다. 우리들의 역사에는 이러한 실례가 너무나 많다.

그러나 군주가 기존의 영토에다 새로이 얻은 영토를 합병시킬 때를 생각해 보자. 이런 경우에는 새로 합병한 나라의 백성들의 무장을 해제해야 한다. 그러나 시간이 흐르고 기회가 있을 때 이들도 약화시켜야 하며, 병합된 국가의 무력을 원래 자기 나라 출신의 군대에 집중시키는 조치를 취해야만 한다.

우리의 조상들과 현인이라고 칭송 받던 사람들은 "피스토이아는 파벌을 조장해서 다스리고 피사는 성곽을 사용해서 통치해야 한다."고 말하곤 했다. 이 뜻에 맞추어 옛사람들은 점령지역을 원활히 다스리기 위한 수단으로 그 지역에 분열을 심어 놓았다. 이 정책은 이탈리아가 어느 정도까지 평화의 균형[65]이 유지되던 시대에는 효과적이었지만 오늘날에는 더

---

65) 15세기 후반에 Lorenzo공은 '균형정책'의 평화정책을 폄.

이상 통용되지 않는다고 생각한다.

왜냐하면 분열정책을 효과적이라고 생각할 수 없기 때문이다. 그 반대로 파벌로 얼룩진 도시는 적군에게 위협을 받으면 쉽게 무너진다. 그 이유는 세력이 약한 파벌은 반드시 외세와 결탁하는 데 반해 다른 파벌은 이를 저지할 만큼 강력하지 못하기 때문이다. 따라서 한 번 적이 침입해 오면 이런 분열 도시는 곧 멸망하리라는 것은 너무도 명백하다.

베네치아 공화국은 통치의 방법으로 지배하고 있는 여러 도시에 교황파(겔프파)와 황제파(기벨린파)라는 두 파벌을 조성했다. 비록 두 파벌간의 유혈참극은 막았지만, 베네치아인들은 그들 사이에 교묘하게 불화를 조장했다. 이것은 시민들이 파벌 싸움에 몰두하여 자신들에게 결속된 힘으로 대항치 못하도록 하기 위해서였다.

그러나 주지하는 바와 같이 이 정책은 결과적으로 베네치아 시민들에게 이득이 되지 못했다. 왜냐하면 베네치아가 바일라 전투에서 패하자, 그 지배하에 있었던 도시들[66] 중 일부는 대담하게 반란을 일으켰고, 베네치아인들로부터 본토에 있는 베네치아 제국의 모든 영토를 박탈했다.

---

66) Verona, Vicenza, Brescia, Padua의 도시.

따라서 이런 수단을 사용하는 것은 군주 스스로의 약점을 노출시키는 데 불과할 따름이다. 강력한 정부는 결코 이런 분열정책을 용납하지 않는다. 왜냐하면 이런 분열정책은 쉽게 통제할 수 있는 평화 시에만 유용하게 사용할 수 있기 때문이다. 막상 전쟁이 일어나면 이것은 오히려 참담한 결과를 빚어 낸다.

위대한 군주는 자기 앞에 닥친 시련과 공격들을 극복하는 자이다. 이런 이유로 운명의 신은 특히 신생군주의 권력을 증대시키고자 할 때 적의 성장을 조장하고 그로 하여금 적과 싸우도록 만든다. 그 결과 그는 적을 격파하고 마치 그의 적이 그에게 사다리를 제공한 것처럼 더 높은 곳으로 올라서게 된다.

따라서 현명한 군주는 기회만 있으면 적대관계를 교묘히 만들어 활용함으로써 정작 그가 상대를 격파했을 때 그의 명성과 권력이 더욱 증대하게 된다고 많은 이들이 생각한다.

또한 군주는, 특히 신생군주는 정권을 잡은 초기에 반항하던 사람들이 처음부터 헌신을 약속한 사람들보다 더 믿을 만하고 유용하다는 것을 알아야 한다. 시엔나의 군주인 판돌포 페트루치[67]는 다른 누구보다도 처음에 자기를 불신하던 인물을 기용하여 나라를 잘 다스렸다.

이 문제에서는 모든 것이 개별적인 상황에 따르기 때문에 논리가 일반화될 수 없다. 여기서 말할 수 있는 것은 정권을 장악했을 때 신군주는 그에게 적의를 가지고 있지만 자력으로 자신의 지위를 유지할 만큼 강력하지 못한 사람들을 자기 편으로 끌어들이기 쉽다는 점이다.

더구나 이들 역시 군주에게 충직하게 봉사할 의무감을 느끼게 된다. 왜냐하면 그들은 자신들에게 불리한 초기의 인상을 만회하기 위해서 그렇게 행동하는 것이 절실히 필요하다는 점을 익히 알고 있기 때문이다. 그래서 군주는 안일한 마음으로 봉사하면서 자기네의 이해만을 생각하는 무리들보다는 이런 사람들이 훨씬 더 유용하다는 점을 터득하게 될 것이다.

이 문제는 중요한 것이기 때문에 신생군주라면 누구에게나 상기시킬 필요가 있다. 국내의 지지자들을 발판으로 새로이 나라를 얻은 군주라면 협력자들이 그를 지원한 이유를 잘 생각해 보아야 한다는 것이다. 그 이유가 군주에 대한 자연스러

---

67) 1450~1512 : 의부 니콜로 보르게제가 토스카나 지방에 확장하려 했을 때 격렬하게 항거함.

운 경애가 아니라, 단지 이전 군주에 대한 불만 때문이라면 신군주는 이들을 끝까지 동지로 삼기가 힘들다.

왜냐하면 신군주 역시 그들을 만족시킬 수 없기 때문이다. 고금의 역사에 비추어 보더라도 결국 이전의 군주에게 불만을 품고서 새 군주에게 호의를 보이는 사람을 옹립하여 자기편에 두기보다는 이전의 정권에 충실하고 신군주에게 적대적인 사람들을 자기편으로 끌어들여 협력자로 두는 편이 훨씬 더 현명하다.

군주는 자신들의 권력을 강화하고 안전을 유지하기 위하여 요새를 구축해 왔다. 그 요새는 반란을 막는 것으로 사용되며 갑작스런 공격을 받을 때에는 안전한 피난처를 마련해 준다. 이 방법은 예부터 내려오는 것으로 나도 찬성은 한다.

그러나 현대에 와서 니콜로 비텔리 경은 나라의 수호를 위하여 어쩔 수 없이 치타 디 카스텔로의 두 요새를 허물어 버렸다. 우르비노 공작인 귀도 우발도[68]는 체사레 보르자에게 빼앗겼던 영지를 되찾았을 때 그 지역의 모든 요새를 파괴해 버렸다. 요새를 모두 파괴하는 것이 나라를 다시 빼앗길 가능

---

68) 제위 1482~1508 : Borgia 때문에 두 차례에 걸쳐 군주의 자리에서 쫓겨났다가 Alexander 교황의 사망 후 1504년 복귀하여 영내 성을 전부 파괴하였다.

성을 줄인다고 판단했기 때문이다.

벤티볼리오 가문도 볼로냐를 되찾았을 때 같은 대책을 취했다. 그러므로 요새는 때에 따라 유익할 수도 있고 해로울 수도 있다. 이는 상황에 좌우된다.

여기서 우리는 다음과 같이 결론을 지을 수 있다. 국외의 세력보다 자국민을 두려워하는 군주는 요새를 세워야 하고, 자국민보다 외세를 두려워하는 군주는 요새를 구축해서는 안 된다.

일찍이 프란체스코 스포르짜는 밀라노에 성벽을 세웠지만 이것이 스포르짜에게는 나라의 모든 분쟁보다 오히려 재앙의 씨앗이 되었다. 따라서 군주가 가질 수 있는 최선의 요새는 백성의 미움을 사지 않는 것이다. 왜냐하면 어떤 성을 세워도 국민의 격노 앞에서는 군주를 구할 수 없고 국민이 봉기하게 되면 반드시 국민의 편에 서려는 외국세력이 나타나기 때문이다.

최근의 역사를 살펴보면 요새가 어떤 군주에게도 도움이 된 실례는 없다. 예외가 있다면 남편인 지롤라모 백작이 살해된 후 포를리 백작부인의 경우가 있다. 그녀에게 있어 요새는 대중의 습격을 피할 수 있는 장소가 되어 주었다. 그녀는 거기서 밀라노의 원군을 기다릴 수 있었고, 결국 나라를 되찾을 수 있었다.

백작부인에게는 다행이었지만 당시 대중에 합세할 외국세력이 전혀 없었기 때문에 요새가 유익할 수 있었다. 그러나 후에 이 부인이 체사레 보르자의 공격을 받아 내적이었던 대중이 적과 결탁하였을 때 성곽은 하등의 도움이 되지 않았다. 따라서 두 경우 모두에서 볼 수 있듯이 요새에 의존하는 것보다는 국민의 증오를 사지 않는 것이 부인을 위해서 가장 안전한 방책이었음은 더 말할 필요도 없다.

이상의 여러 사실에 비추어볼 때 나는 요새를 구축하는 군주이건 그렇지 않은 군주이건 모두에게 찬사를 보내고 싶다. 그러나 요새를 지나치게 믿고 국민의 미움을 서슴지 않고 사는 군주에게는 비난이 있을 따름이다.

제21장_ 명성을 얻기 위한 군주의 처세방법

군주에게 명성을 가져다주는 것은 군주 개인의 능력을 드러내 보이는 대규모의 전투와 비범한 업적의 성취뿐이다. 우리 시대에는 스페인의 국왕 아라곤 가의 페르디난드가 좋은 예이다. 그는 거의 신생군주라고 불러도 무방하다. 그 이유는 약소국의 군주로 출발하여 기독교 세계에서 가장 유명하고 영광스러운 왕이 되었기 때문이다.

실제로 페르디난드의 업적을 살펴보면 모든 업적이 매우 주목할 만하고, 그중 어떤 것은 가히 타의 추종을 불허한다. 그는 왕위에 오르자 곧 그라나다를 공격했고, 이 전쟁을 통해서 나라의 기초를 굳혔다. 우선 무엇보다도 그는 이 전쟁을 국내가 평온하여 어느 누구의 방해도 받을 염려가 없을 때 시작했다.

말하자면 카스티유의 봉건제후들의 야심을 이 전쟁에 전념하게 했고, 그 결과 그들은 어떠한 반란도 모의할 수 없었다. 그러는 동안 그의 명성은 높아졌고, 부지불식간에 그들에 대한 지배력이 확고해졌다.

그는 로마교회와 국민의 돈으로 군대를 유지할 수 있었다. 장기간에 걸친 전쟁의 경비도 거기서 충당할 수 있었다. 그리하여 군사력의 기초작업도 끝마칠 수 있었으며, 이 군사력은 나중에 대단한 업적을 성취하여 그로 하여금 드높은 명성을 떨치게 했다.

그 밖에도 더 커다란 전쟁을 수행하기 위해서 그는 종교를 구실 삼아 잔인하지만 일견 경건한 정책을 통해서 무어[69]인들을 색출하여 죽이고, 국외로 추방하는 등 유례없는 참혹한 짓을 저질렀다. 그는 역시 같은 구실로 아프리카를 공략하고[70] 이탈리아까지 침입해 들어갔다. 심지어 최근에는 프랑스에도 진격했다.[71]

---

69) Moor : 돼지라는 뜻. 겉으로 그리스도교에 개종한 체하는 스페인의 회교도나 헤브라이인들.
70) 1509년 Oran에서 Tripoli까지 북아프리카를 정복하고, Tunisia와 Algeria의 두 왕국을 속령으로 하였다.
71) 1512년 피레네 지방 나르바 왕국을 점령.

이와 같이 그는 끊임없이 위대한 일을 계획하고 성취했는데 이로 인해서 백성들은 항상 사태의 귀추를 주목하면서 긴장과 경이감에 사로잡혀 있었다. 그리고 이러한 그의 행동은 쉴 새 없이 계속되었기 때문에 어느 누구도 그에게 반란을 시도할 만한 시간적인 여유조차 가질 수 없었다.

밀라노의 베르나보 공작이 행한 것처럼 군주가 국내 정치에서 자신의 위대함을 과시할 때 세상이 놀랄 만큼 독특한 방법을 보이는 것은 대단히 좋다. 누군가가 정치적으로 또는 사회적으로 무언가 비상한 업적을 성취하면 그는 화제가 될 만한 방법으로 그런 사람을 보상하거나 처벌했다. 그러므로 무엇보다도 먼저 군주는 자기의 모든 행동을 통해서 비범한 재능을 가진 위대한 인물이라는 세평을 얻도록 노력해야 한다.

군주는 적과 자기편을 명시할 때, 다시 말하면 어느 누구에게나 자기의 지지 혹은 적대감을 주저 없이 밝힐 때 높은 존경을 받는다. 이러한 정책은 어느 경우를 막론하고 중립으로 남아 있는 것보다 훨씬 유익하다.

군주에게 인접한 두 세력이 무력으로 대립하게 되면 궁극적인 승자는 당신에게 위협적인 존재가 될 수도 있고 그렇지 않을 수도 있다. 그러나 어느 경우에 있어서나 군주는 자기의 입장을 명백히 하여 강력하게 싸우는 것이 보다 더 현명한데 그 이유는 다음과 같다.

서로 싸우는 군주들이 당신에게 위협적인 존재일 경우, 만약 당신의 입장을 밝혀두지 않았다면 당신은 승리자에 의해서 멸망당할 것이다. 이 경우 군주는 무방비 상태이고, 우방이 없는 상황에 처하게 된 것은 자업자득이라고 할 수 있다. 왜냐하면 승자는 자기가 역경에 처했을 때 모르는 체하던 자를 동지로 생각지 않기 때문이다. 그리고 패자도 당신이 그를 군사적으로 지원함으로써 공동운명의 위험을 감수하지 않았기 때문에 어떠한 호의도 베풀지 않을 것이다.

안티오쿠스가 아에톨리아인들의 요청으로 로마군을 쫓기 위해 그리스로 들어갔다. 안티오쿠스는 원래 로마군의 편이었던 아카에아에 사절을 보내 중립을 지켜줄 것을 제의했다. 반면에 로마인들은 그들에게 자기들을 위해서 무기를 들 것을 권유했다. 이 문제가 안티오쿠스 사절이 중립을 지킬 것을 권유했던 아카에아인들의 평의회에서 논의되었다.

이에 대해 로마의 사절은 다음과 같이 반박했다.

"그들의 권유에 의하면 전쟁에 개입하지 않는 것이 당신네들에게 유리하다고 합니다. 그러나 이것처럼 당신네 이익을 무시한 논법은 더 없습니다. 그러한 짓을 하면 당신네들은 아무런 혜택도 받지 못하고 존엄성도 지키지 못하며, 그저 승리자의 전리품이 될 뿐입니다."

군주의 우방이 아닌 자가 중립을 요구해 오든가, 자기편이었던 자가 군사원조를 청해 오는 것은 언제나 있는 일이다. 이때 결단력이 부족한 군주는 대체로 당면한 위험성만을 피하기 위해서 중립의 길을 택하는데 이를 선택한 군주는 일반적으로 파멸을 면치 못한다.

그러나 자기의 입장을 분명히 밝히는 군주도 있다. 한쪽을 지원하여 그가 승리를 거둔다면, 비록 그 자가 강력하게 군주를 마음대로 움직인다 하더라도 군주에게 감사한 마음을 간직하게 된다. 그와 군주는 우호관계가 성립되어 결속된다. 인간은 결코 그러한 상황에서 그토록 배은망덕하게 당신을 공격할 만큼 파렴치하지 않다.[72]

더구나 승리자라고 제멋대로 행동해도 무방할 정도로, 특히 공명정대한 배려까지도 무시해 버릴 수 있을 만큼 완벽한

---

72) 인간을 사악한 것으로 보는 마키아벨리의 비판적 인간관이 완화되어 있다.

승리는 있을 수 없다. 그러나 당신이 도와준 군주가 패했을지라도 그는 당신에게 감사를 표할 것이고, 가급적 당신을 성원하고자 할 것이다. 그리하여 당신에게는 다시 재기할 수도 있는 운명의 동맹이 생긴다.

두 번째의 경우에도 교전자 중 누가 이기든 군주는 여전히 개입하는 것이 더 현명한 정책이 된다. 왜냐하면 당신은 한 군주의 몰락에 기여하고 다른 군주에게 도움을 받기 때문이다. 다른 군주가 만약 현명하다면 어차피 자신을 방어할 수 있었을 것이다. 그리고 당신과 함께 이기게 되면, 당신이 도운 군주는 당신의 처분에 맡겨진 셈이다. 그리고 그가 당신의 도움을 받았기 때문에 그가 적을 멸망시킬 것이라고 예상하는 것은 당연한 것이다.

또 한 가지 유의해야 할 것은 이미 말한 것과 같이 군주란 필수 불가결한 경우가 아닌 이상 다른 국가를 공격하기 위해서 자기보다 강력한 자와 동맹을 맺어서는 안 된다는 것이다.[73] 이런 경우 승리를 거두어도 승리한 동맹자의 포로가 되기 때문에 군주는 모름지기 다른 세력의 뜻대로 되는 것을 피

---

73) 마키아벨리는 소극적 중립론을 논박하면서 동맹의 어려움을 분석한다.

해야 한다.

일찍이 베네치아 공화국은 프랑스와 동맹을 맺어 밀라노 공작을 공격했다.[74] 그들은 피할 수 있었던 이 동맹을 맺음으로써 몰락하게 되었다. 그러나 교황과 스페인이 군대를 이끌고 롬바르디아 지방을 공격했을 때 피렌체 공화국[75]이 처한 상황처럼 동맹을 피할 수 없을 때에는 앞서 말한 이유에서처럼 군주는 어느 한쪽에 가세하지 않으면 안 되는 것이다.

어떤 국가도 안전한 정책을 따르는 것이 항상 가능하다고 믿어서는 안 된다. 오히려 모든 행위는 항상 위험을 동반한다는 점을 깨달아야 한다. 그것은 사물의 원칙이다. 한 가지 위험을 피했다고 다음에 또 다른 위험이 없는 것은 아니다. 그러므로 사려 깊은 사람이라면 여러 가지 위험을 평가하는 방법을 알고, 될 수 있는 한 해독이 적은 길을 올바른 대안으로 선택한다.

군주는 실력 있는 자를 아끼고 한 가지 재주에 특출한 자를

---

74) 1449년, Venezia는 Louis 12세와 동맹을 맺고 밀라노를 정복하였다.
75) 교황 Julius 2세가 프랑스에 적대하여 조직한 신성동맹에서 피렌체는 중립을 지켰다. 그 결과 피렌체 공화국은 쓰러지고 Medici 일족이 복귀하게 되었다.

우대할 줄 알아야 한다. 이와 더불어 시민들이 상업, 농업 그리고 기타 업무에서 각각 안심하고 맡은 바 생업에 종사하도록 권장해야 한다. 사람들이 재산을 군주에게 빼앗길 것이 두려워서 증산을 게을리하고, 과중한 세금이 무서워 상행위를 꺼리는 일이 없도록 세심한 주의를 기울여야 한다. 오히려 그는 증산에 이바지하는 자, 자기네 도시나 국가의 번영을 진심으로 위하는 자들에게는 상을 준비해야 한다.

더욱이 일 년 중 적당한 시기에 축제나 구경거리를 개최하여 민중을 이에 몰두시켜야 한다. 그리고 모든 도시는 길드나 가족집단으로 나누어져 있기 때문에 각각 그 집단 사람들을 고려해야 한다. 그래서 기회가 있을 때마다 이들의 회합에 나타나 자신의 풍부한 인품과 넓은 도량을 보여주어야 한다. 그러면서도 군주는 군주다운 위엄은 결코 훼손되어서는 안 되기 때문에 항상 굳게 지켜야만 한다.

제22장_ 군주의 측근 각료

각료를 선택하는 것은 군주에게 매우 중요한 일이다. 그들이 훌륭한가의 여부는 군주 자신의 현명함에 달려 있다. 통치자의 지적 능력을 나타내는 첫 평가는 그를 둘러싸고 있는 사람들의 자질에 달려 있다.

만약 그들이 충성스럽다면 군주는 항상 현명하다고 평가된다. 왜냐하면 군주가 그들의 능력을 파악하고 그들의 충성심을 유지할 수 있는 능력이 있다고 생각되기 때문이다. 측근이 평범한 인물이며 불충하다면 군주는 좋게 평가될 수 없다. 그가 저지른 가장 중대한 실수가 바로 각료를 선택하는 것에 있기 때문이다.

안토니오 디 베나프로를 아는 사람들은 그를 재상으로 거느리고 있다는 사실 자체만으로 시엔나의 군주 판돌포 페트루치가 매우 탁월한 인물이라고 판단할 것이다. 대개 인간의 두뇌에는 세 종류가 있다. 첫 번째는 사물을 스스로 터득하며, 두 번째는 설명을 들은 후 깨우치고, 세 번째는 자기 자신도 이해 못하고 남도 결코 모르는 것이다. 첫 번째의 두뇌는 우수하고, 두 번째의 두뇌는 조금 우수하고, 세 번째의 두뇌는 무능하다.

따라서 판돌포가 첫째 부류에 속하지 못한다 하더라도 둘째 부류에는 속함이 틀림없으며, 그것으로 족하다. 왜냐하면 창의성이 모자라더라도 군주는 타인의 좋고 나쁨을 가릴 줄 알아야 하기 때문이다. 군주는 재상의 행동에서 좋고 나쁜 것을 분별하고 전자는 칭찬하고, 후자는 처벌할 수 있기 때문이다. 그리고 대신은 그가 군주를 속일 수 없다는 것을 알기 때문에 바른 처신을 하려고 노력하게 된다.

군주가 대신의 사람됨을 살피는 데에는 아주 확실한 방법이 있다. 그것은 그 각료가 군주보다 자신의 일을 먼저 생각하는 자인지를 따져 보는 것이다. 모든 행동이 자기의 이익을 추구하는 인물이라면 결코 좋은 측근일 수 없다. 따라서 군주도 이런 신하에게는 신뢰를 보내지 못한다.

나라를 다스리는 사람은 자기를 생각함에 앞서 항상 군주의 일을 생각해야만 한다. 그는 군주와 관계없는 일은 결코 염두에 두지 말아야 한다. 입장을 바꾸어 말하자면 군주는 각료의 충성심을 확보하기 위해서 그를 우대하고, 부유하게 만들며, 그를 가까이 두고 명예와 관직을 수여하는 등 항상 보살펴 주어야 한다.

그래서 군주는 그 신하가 오직 자신에게 의존한다는 것을 깨닫게 만들어야 하고, 그에게 많은 명예와 부를 주어 그로 하여금 더 많은 명예와 부를 원하지 않게 하며, 그에게 많은 관직을 맡겨 그로 하여금 변화를 두려워하도록 대우해 주어야 한다.

따라서 군주가 대신과 그러한 관계를 유지한다면 서로에 대한 신뢰는 굳어질 수밖에 없다. 반대로 그들이 그렇지 못할 때에는 둘 중 어느 한쪽에 반드시 불행한 결과가 닥친다.

제23장_ 간신을 피하는 방법

　군주가 범하기 쉬운 중요한 실수에 관한 논의를 빼놓을 수 없다. 군주가 여러 가지 일에 사려가 아주 깊든가, 훌륭한 인선을 하지 않은 이상 이 과실을 피하는 것은 대단히 어렵다. 그 실수란 궁정에서 흔히 볼 수 있는 아부하는 간신들로부터 생기는 위험을 지칭한다.

　인간은 자기 자신의 일에 잘 몰두하고 자기기만에 쉽게 빠지기 때문에 아첨이라는 질병으로부터 자신의 몸을 보호하기란 지극히 어렵다. 더욱이 아첨꾼으로부터 자신을 보호하기 위한 모종의 방법들은 경멸을 받게 되는 위험을 수반한다.

　군주가 자신을 아첨으로부터 보호하는 유일한 길은 진실을 듣더라도 결코 노하지 않는다는 것을 사람들에게 널리 알리는 도리밖에 없다. 그렇다고 누구나 다 군주에게 진실을 말할 수 있는 것은 아니다. 그렇게 하면 군주가 존경을 잃는다.

따라서 분별 있고 현명한 군주가 택할 길은 제3의 길이다. 군주는 국내에서 사려 깊은 자들을 선발하여 그들에게만 진실을 말할 수 있는 자유를 주되 그것도 군주가 묻는 문제에 한할 뿐, 다른 일에 대해서는 허용치 말아야 한다. 그러나 군주는 모든 일들을 그들에게 묻고 그들의 의견을 주의 깊게 듣고 나서 자신의 결단을 내려야 한다. 더 나아가서 군주는 이런 조언 전체와 개개의 조언자에 대해서도 말하는 바가 솔직하면 할수록 더욱더 그들의 말이 받아들여진다는 뜻을 충분히 전해야 한다. 군주는 그가 선임한 사람 외에는 다른 어떤 사람의 의견도 듣지 말아야 하며, 군주 스스로가 결정한 것은 실행하되 그 결단은 끝까지 관철시켜야 한다. 그렇지 않으면 반드시 간신에게 농락당할 것이며, 상반된 조언 때문에 결정을 자주 바꾸게 된다. 그 결과 군주에 대한 평판이 하락하고 그는 더 이상 존경받지 못하게 된다.

나는 이 논의에 대해서 최근의 실례를 하나 들고 싶다. 현 황제 막시밀리안의 조언자인 루카 신부는 황제에 대해서 "아무에게도 조언을 얻으려 하지 않았고, 아무것도 자기의 뜻으로 하는 일이 없었다."고 말하고 있다.

이것은 내가 앞에서 충고한 대로 행동하지 않은 데서 비롯된 결과라 하겠다. 황제는 항상 은밀한 인물로서 어느 누구에게도 자기 계획을 말하지 않았고, 누구의 의견도 귀담아 듣지 않았다. 그러나 그가 계획을 실행에 옮길 즈음에는 궁정에 있는 사람들이 이에 관해서 알게 되고 주변 사람들이 달리 행동하라고 조언하기 시작한다. 그러면 그는 성격이 단호하지 않기 때문에 설득을 당하게 되어 자기의 계획을 철회한다. 바로 이러한 이유로 오늘 시작한 일이 내일은 허물어지고, 황제가 하고 싶은 것이 무엇이고 계획하는 일이 무엇인가를 아무도 이해할 수 없게 되었다. 그래서 끝내 황제의 결단은 믿을 수 없는 것이 되고 말았다.

그러므로 군주는 항상 남의 의견을 들어야 한다. 그러나 남이 말하고 싶을 때가 아니라 자기가 원할 때 그렇게 해야 한다. 군주가 하문할 때 이외에는 아무도 감히 진언할 수 없는 분위기를 만들어야 한다.

그렇지만 군주는 정보와 의견을 구하고 자신이 제기한 사안에 관한 솔직한 견해에 대해서 참을성 있게 귀를 기울일 태세가 준비되어 있어야 한다. 뿐만 아니라 누구든지 군주에 대한 외경이 지나쳐 대답을 주저할 때에는 오히려 노여움을 나타내야 한다.

군주가 지혜롭다는 평판을 듣는 것은 그 자신의 자질보다는 그 측근에 훌륭한 조언자가 있기 때문이라고 말하는 사람이 많다. 그러나 이는 명백하게 잘못된 견해이다. 왜냐하면 군주가 현명하지 못하면 남의 조언을 적절하게 받지 못할 것이라는 점은 불을 보듯 뻔하기 때문이다.

굳이 예외가 있다면 한 신하가 지극히 총명할 때 군주가 신하에게 정무를 전적으로 위임하는 경우이다. 이런 경우 그는 확실히 적절한 조언을 받기는 하겠지만 그러한 조언자는 쉽게 나라를 빼앗을 수 있기 때문에 그의 권력은 오래 지속되지 못할 것이다.

그러나 지혜롭지 못한 군주가 여러 사람들로부터 조언을 받게 되면 그는 항상 상반된 의견을 듣게 된다. 이런 경우 군주는 이들의 의견을 어떻게 조종하고 이해해야 할지 알 수 없게 된다. 왜냐하면 조언자들이 모두 자기 욕심에 눈이 어두워지기 때문이다. 그리고 인간은 어떤 필연에 의해서 선한 행동을 강요받지 않는 한 당신에게 악행을 저지르기 때문에 이러한 결과는 불가피하다.

따라서 결론은 이렇다. 좋은 조언이란 어느 누구로부터 오든 상관없이 근본적으로 군주의 깊은 사려와 현명함에서 나오는 것이지, 좋은 조언에서 군주의 깊은 사려가 생기는 것은 아니다.

제24장_ 군주들이 나라를 잃은 이유

  신생군주는 내가 앞에서 논의한 법칙들을 잘 지킨다면 세습군주나 다름없이 존경받을 뿐 아니라 시간을 통해 다져진 권력처럼 국내의 지위를 평안하고 태평하며 견고하게 할 수 있다.

  신생군주의 행동은 세습군주의 행동보다 더 주목을 끈다. 만약 그가 역량 있다고 인정되면 사람들은 그가 세습군주였을 때보다 훨씬 더 많은 감명을 받고 애착을 느껴 결속이 탄탄해진다. 왜냐하면 인간은 과거보다 현재의 일에 더 관심을 갖게 마련이다. 또한 그들의 사업이 번창함을 발견하게 되면 그들은 만족하게 되고 다른 변화를 구하지 않게 된다.

군주에게 큰 과실이 없는 한 사람들은 위기에 처한 군주를 수호하려고 나선다. 이렇게 되면 신생군주는 이중의 영광을 누리게 될 것이다. 즉 그는 새로운 군주국을 세웠고, 훌륭한 법률, 강력한 군대, 믿을 만한 동맹국, 그리고 모범적인 행동을 통해서 그 나라를 장식하고 강화했기 때문이다. 반대로 군주로 태어나 통찰력과 통치술의 부족으로 나라를 잃은 자는 이중의 수모를 겪는다.

이탈리아의 통치자들을 생각해 보자. 나폴리 왕[76]이나 밀라노 공작[77], 또 다른 군주들도 그렇지만 근래에 나라를 잃은 이탈리아의 군주들을 고찰해 보면 다음과 같은 결함을 가지고 있다.

첫 번째는 그들이 모두 군사적으로 취약했다는 것이다. 두 번째는 국민의 증오를 사든지 또는 국민 편을 들어 귀족에게 미움을 받은 결함이다. 결국 이런 결함이 없었다면 전투력을 유지할 능력이 있는 군주는 국가를 잃지 않았을 것이다.

티투스 퀸투스에게 패배한 마케도니아의 필립포스 왕[78]은 무력과 영토에 있어서 그를 공격한 로마나 그리스의 국력에

---

76) 페르디난드. 1503년 스페인 왕과 루이 12세 프랑스 왕의 동맹군에게 나폴리 왕국을 잃었다.
77) 루드비코 일 모로. 1499년에 루이 12세에 의해 군주의 자리에서 쫓겨났다.

비해 한참 부족했다. 그럼에도 불구하고 그는 진정한 무인이었고, 민심을 얻어 귀족을 견제하는 것에 능숙했기 때문에 적군을 상대로 여러 해 동안 전쟁을 수행할 수 있었다. 그리고 비록 그가 다스리던 몇 개의 도시를 잃기는 했지만, 여전히 자신의 왕국만은 확보할 수 있었다.

오랜 기간에 걸쳐 군주의 지위에 있었던 이탈리아 군주들이 나라를 잃었다고 해서 그 책임을 악운으로 돌릴 수는 없다. 전적으로 자신의 무능함을 책망해야 할 것이다. 왜냐하면 평화 시에 그들은 사태가 변할 것이라고는 결코 생각하지 않았기 때문이다. 날씨가 좋을 때 폭풍을 예상하지 않는 것은 인간 공통의 약점이다.

그러다가 막상 적이 공격해 와 역경에 처하면 당황한 나머지 방어할 생각보다는 오히려 도망칠 궁리부터 했던 것이다. 그리고 그들은 점령자의 횡포에 분노하여 국민이 그들에게 다시 권력을 되찾아줄 것을 희망했다.

그러나 이 방법만을 믿고서 다른 모든 방법을 포기한다는 것은 안 될 말이다. 그것은 마치 누군가가 일으켜 주기를 기

---

78) Philip 5세 : 기원전 197년 로마 군에 패하여 그리스의 모든 도시를 내놓았으나 마케도니아에서는 왕위를 확보하였다. 알렉산더 대왕의 아버지와는 다른 인물이다.

대하면서 스스로 쓰러지는 격이다. 아무도 도와주지 않을 수 있으며, 설령 백성들이 군주를 다시 불렀다 해도 그것은 군주가 행한 행동이 아니기 때문에 오히려 군주의 권위를 떨어뜨린다. 그러므로 안전책이라 할 수가 없다.

군주에게 있어서 모든 방어는 자기 스스로의 역량에 그 바탕을 두어야 한다. 그래야만 방어가 효과적이고, 확실하며, 영구적인 것이 될 수 있다.

제25장_ 인간사는 얼마만큼의 운명에 지배되며 어떻게 운명에 대처하는가

　많은 사람들은 세상의 일이 운명과 신이 지배하는 것이므로 아무리 인간이 용의주도하게 산다고 해도 이 세상의 흐름을 바꾸어 놓을 수도 없고, 어떠한 대책도 소용없다고 믿고 있다. 이런 사람들의 논법은 땀을 흘려가며 애쓸 필요 없이 운명의 신에 몸을 맡기는 것이 현명하다는 결론이다.

　이런 견해는 지금까지 일어난 그리고 앞으로 일어날 예상치 못한 대격변 때문에 우리 시대에 더욱 설득력을 얻어가고 있다. 내가 이 문제에 관해서 생각할 때 때로는 나 자신까지 얼마간 그들의 의견에 공감하게 된다.

　그러나 인간의 자유의지만은 잃지 말아야 한다. 운명이 인간활동의 반을 마음대로 주재하더라도 적어도 나머지 반은 우리들의 지배에 맡겨져 있는 것이 아닐까?

　운명의 신은 무서운 파괴력을 지닌 강에 비유할 수 있다. 이 강은 노하면 평야를 덮치고 수목이나 집을 파괴하며 이쪽 땅을 저쪽으로 옮겨 놓기도 한다.

　모든 사람들이 그 격류 앞에서는 도망치며 어떤 방법으로든 제지하지 못하고 그 앞에 굴복했다. 그러나 강이 이런 성질을 가졌지만 평온할 때에 미리 제방이나 둑을 쌓아 예방조치를 취함으로써 다음에 강물이 범람해도 제방을 넘어오지 못하게 하거나 운하 쪽으로 흘러내리도록 하면 강은 그 맹위를 잃게 된다.

　운명도 이와 같을 것이다. 저항이 준비되어 있지 않은 곳에서 그 힘을 발휘하는 것이 운명이다. 그리고 운명을 저지할만한 장애물이 없으면 더욱 그 맹위를 떨치는 것이다. 그리고 지금 이탈리아는 격변의 근원이자 무대이다.

　이탈리아를 잘 살펴보면 제방이나 방파제가 없는 들판인 것을 알 수 있다. 만약 이탈리아에도 독일, 스페인, 프랑스와 같이 적절한 방파제가 준비되어 있었더라면, 홍수가 그렇게 커다란 격변을 초래하지 않았거나 아니면 아예 홍수마저 일어나지 않았을 것이다. 이런 정도면 일반적인 차원에서 운명에 대처하는 일에 관해서 충분히 말한 셈이다.

운명에 대한 대책을 강구한다는 범위 내에서 구체적으로 고찰해 보면 그의 성격이나 능력은 전혀 변하지 않았음에도 불구하고 어떤 군주가 오늘은 융성했다가 내일은 멸망하는 일을 빈번하게 목격하게 된다. 나는 이러한 변고가 우선 이미 상세하게 논의한 바 있는 원인에서 기인한다고 믿는다. 즉, 전적으로 운을 신뢰한 군주가 그의 운이 다했을 때 몰락하게 되는 것이다.

게다가 우리는 우리의 대처방식이 시대와 상황에 적합할 때 성공하며, 그렇지 못할 때 실패한다고 믿는다. 왜냐하면 인간은 모두 하나의 목표를 갖는다. 그것은 곧 영광과 부이며 이 동일한 목표로 향해 가는 길은 서로 상이하다. 신중파가 있고 과단파가 있으며, 폭력주의자가 있고 모사꾼이 있으며, 참을성이 많은 사람이 있고 전혀 끈기가 없는 사람이 있다. 그리고 이런 각각의 상이한 행동방식이 효과적일 수 있다.

같은 길을 두 사람이 걸어갈 경우, 한 사람은 목적지에 닿을 수 있고 또 한 사람은 실패할 수 있다. 반대로 전혀 다른 길을 걷는 두 사람이 같이 목적지에 도달할 수도 있다. 예를 들어 용의주도한 사람과 성급한 사람이 있다고 할 때 둘은 함께 성공할 수도 있다. 이는 그들의 행동양식이 그들이 활동하는 상황에 부합하는가에 따라 다르다.

결과적으로 내가 말한 것처럼 상이하게 행동하는 두 사람이 같은 결과에 놓일 수도 있고, 동일한 행동이 서로 다른 두 개의 결과를 초래할 수도 있다. 그렇기 때문에 좋은 것이라도 늘 좋을 수는 없다. 신중하고 참을성 있게 통치하는 방법이 시대와 상황에 적합하다면 그 군주는 번영할 것이며, 시대와 상황이 이에 맞지 않음에도 불구하고 그가 자기의 방법을 고집한다면 그는 멸망할 것이다.

그러나 이처럼 충분히 유연하게 행동할 수 있을 만큼 분별 있는 사람을 발견하기란 흔하지 않다. 왜냐하면 인간은 타고난 기질이 너무 강해서 그러한 변화를 용납하지 않거나 아니면 일정한 방법으로 행동함으로써 항상 성공을 거두었기 때문에 그 방법을 바꾸는 것이 좋다고 생각하지 않기 때문이다.

따라서 만약 신중한 사람이 신속하게 행동하는 것이 필요하다면 그는 어떻게 행동해야 하는지를 알지 못할 것이고 이로 인해서 그는 파멸을 면치 못한다. 그러나 시대와 상황에 알맞게 자신의 성격을 변화시키는 것이 가능하다면 그러한 사람은 항상 성공할 것이다.

모든 일들을 과감하게 처리하던 교황 율리우스 2세는 시대와 상황에 적절히 부합되게 일을 처리했기 때문에 항상 좋은 결과를 얻을 수 있었다. 죠반니 벤티볼리오가 아직 살아있을 때 그가 볼로냐에 감행했던 첫 원정을 상기해 보자.

베네치아 공화국은 이러한 그의 계획을 좋지 않게 보았다. 스페인의 국왕 페르디난드 5세도 그와 같은 심경에서 프랑스와 함께 교황의 이런 처사를 자주 논의했다. 이런 상황 속에서도 교황은 특유의 불굴의 정신과 과감성으로써 친히 그 원정을 지휘했다.

이러한 진격은 스페인 왕과 베네치아인들의 허를 찔렀고, 이로써 그들을 아무런 대책을 마련하지 못하고 수동적으로 방관하게 되었다. 후자는 두려워서, 전자는 나폴리 왕국의 영토를 모두 회복하고 싶은 강한 욕구가 작용해 수수방관하게 되었던 것이다.

반면에 율리우스 교황은 프랑스 왕을 끌어들였다. 왜냐하면 프랑스 왕은 베네치아 공화국을 응징하기 위하여 교황과의 친선이 필요했으며 이런 때 병력의 원조를 거부한다는 것은 교황을 공공연히 모멸하는 것이 된다고 판단했기 때문이다.

율리우스는 그 과단성 있는 행동으로 지금까지의 사려 깊은 그 어떤 교황도 성취할 수 없었던 업적을 성취했다. 만약 다른 교황이었다면 중론이 굳혀지고 만반의 준비가 정비되기를 기다렸다가 로마를 출발했을 것이다. 그러나 그의 성공은 그 신속성에 있었다. 출발을 늦추고 있었더라면 프랑스 국왕은 원조를 거절할 수 있는 수많은 구실을 어떻게든지 마련했을 것이다. 다른 나라들도 교황이 신중하게 처신해야 할 수많은 이유를 내놓았을 것이다.

교황의 다른 행동은 여기서 언급하지 않겠다. 비슷한 방법으로 이루어진 그의 모든 활약은 한결같이 좋은 결과를 가져왔다. 그의 생애가 짧았기 때문에 실패는 경험하지 않았지만, 신중하게 행동하는 것이 요구되는 시대에까지 생존했더라면 그는 분명히 실패했을 것이다. 그는 결코 타고난 자신의 성질을 버리고 행동하지 못했을 것이기 때문이다.

이상의 논의에서 결론을 얻는다면 운명은 가변적이라는 것이다. 운명은 수시로 변한다. 그러나 인간은 유연성이 결여된 존재이기 때문에 이들의 처신방법이 운명과 조화를 이루면 성공적이고, 그렇지 못하면 실패한다고 결론짓겠다.

나는 당신이 운명을 바꾸려 한다면 용의주도한 것보다는 오히려 과감한 것이 더 좋다고 생각한다. 운명의 신은 계산적인 사람보다는 과단성 있게 행동하는 사람들에게 매력을 느끼기 때문이다. 또한 운명의 신은 항상 젊은이들에게 이끌린다. 젊은 사람들은 덜 신중하고, 보다 공격적이며, 더 대담하기 때문이다.

제26장_ 야만족의 지배로부터
이탈리아를 해방시킬 것에 대한 호소

지금까지 논의된 모든 문제들을 숙고한 후 나는 현재 이탈리아의 상황이 새로운 군주에게 영광을 가져다줄 만큼 무르익었는가, 그리고 뜻 있고 역량 있는 군주로 하여금 자신에게는 영광을, 국민에게는 복지를 가져다줄 수 있는 형태를 만들 기회를 확실히 보장하고 있는가의 문제에 대해서 자문해 본다.

현재는 신생군주에게 상서로운 기회를 제공하는 것처럼 만사가 호전하는 때인 것 같다. 그리고 신생군주에게 지금처럼 적절한 시기가 일찍이 없었던 것 같다. 이미 주장한 것처럼 이스라엘 민족이 이집트에서 노예였다는 사실은 모세의 역량을 알게 했다.

키루스 왕의 위대한 정신은 페르시아인들이 메디아인들로부터 핍박을 받았기 때문에 꽃을 피울 수 있었다. 테세우스의 탁월한 역량도 아테네 사람들이 분열하고 있을 때 인정을 받았다. 마찬가지로 이탈리아의 용맹과 진가를 인정받기 위해서 이탈리아는 현재 처한 것처럼 절망적인 상황에 봉착해야 한다. 이탈리아는 이스라엘 민족 이상으로 노예화되어 있고, 페르시아인들보다 더 억압받고, 아테네인들보다 더 지리멸렬해 있는 데다가, 인정받는 지도자도 없고, 질서나 안정도 없으며, 짓밟히고, 헐벗고, 유린당하는 한마디로 이루 형언할 수 없는 상황에 처해 왔다.

그래도 한때는 한 줄기의 광명이 비친 때가 있었다. 신이 이탈리아의 속죄를 한 인물[79])에게 맡긴 듯이 보였던 때도 있었던 것이다. 그러나 불행하게도 그 사람은 빛나는 생애의 절정에 오르는 순간 운명에 의해서 버림을 받았다.

이리하여 거의 활기를 잃은 이탈리아는 상처를 아물게 해줄 사람, 롬바르디아 지방에서 거듭되는 약탈 및 나폴리 왕국

79) 체사레 보르자에 대한 언급인 것 같다.

과 토스카나 지방에서 자행되는 착취[80]행위에 종지부를 찍고, 그토록 오랫동안 괴롭힘 당해 온 고통을 치유해 줄 수 있는 누군가를 목마르게 기다리고 있다.

지금 신에게 무자비한 외세의 잔혹하고 오만한 지배로부터 자신을 구원해 줄 수 있는 누군가를 보내달라고 이탈리아가 얼마나 간절히 기도하고 있는가를 보라. 또한 깃발을 드는 자가 나타나기만 한다면 기꺼이 그 뒤를 따라 나설 만반의 준비가 되어 있음을 보라.

오늘날 이탈리아가 희망을 가질만한 대상은 오직 영광스러운 전하의 가문[81]뿐입니다. 전하의 가문은 오랜 전통에 빛나는 덕성을 갖추고, 행운을 겸비하고, 하나님의 은총을 받아 교황의 옥좌까지 지키고 있기 때문에 나라를 구원하는 데 앞장설 수 있습니다.

만약 전하께서 앞에서 열거한 위인[82]들의 위업이나 일생을 명심한다면 그러한 창업은 어렵지 않을 것입니다. 비록 그들이 예외적이고 경탄할 만한 위인들이긴 하나 역시 인간

---

80) 전쟁터는 아니었으나 백성은 국왕과 황제의 과중한 세금에 시달렸다.
81) 교황 레오 10세를 낸 Medici 가를 말함. 특히 Urbino 공이 된 로렌초 데 메디치를 지칭한다.
82) Moses, Cyrus, Theseus.

이었으며, 그들 모두는 지금처럼 유리한 기회를 갖지 못했습니다.

그들의 위업도 오늘날처럼 정의롭지는 못했고, 당신처럼 신의 가호를 받고 있지는 않기 때문입니다. 이는 정말 정의로운 과업입니다. 불가피하게 수행하는 전쟁은 정의이며 무력에 호소하는 것 이외에는 아무런 희망이 없을 때, 무력 또한 신성한 것입니다.

실제로 전하께서는 이제 놓칠 수 없는 호기를 맞이하고 있으며, 이러한 호기를 맞이했을 때 전하의 가문이 앞에서 모범으로 제시한 위인들의 방법을 따르기만 하면 커다란 위험이란 있을 수 없습니다. 뿐만 아니라 신은 기적으로 스스로의 의사를 나타내고 있습니다. 바다는 갈라지고, 구름은 길잡이가 되고, 바위에서 샘이 솟고, 하늘에서 만나[83]가 떨어져 내리는 등 모든 것이 전하께서 성취할 미래의 위대함을 예시합니다.

따라서 당신의 활약만이 남아 있을 뿐입니다. 신은 우리 몫의 자유의지와 영광을 박탈하지 않기 위해서 모든 것을 스스로 다해 주지 않기 때문입니다.

---

83) 이스라엘 민족이 광야를 헤맬 때 신이 내려준 음식물.

1479년 로렌초 데 메디치를 환영하는 나폴리의 선박 행렬
로렌초 일 마니피코(로렌초 데 메디치)는 페란테 왕과 단판을 짓기 위해 나폴리로 향한다. 피렌체 공화국의 실권자로 성장하고 있던 그는 역시 행운의 사나이였다.

고명한 군주의 가문에 기대하는 국민의 이 위업은 일찍이 어느 이탈리아인도 성취하지 못했습니다. 이탈리아가 겪은 수많은 혁명의 회오리바람 속에서도, 이탈리아가 주 무대였던 그 엄청난 전쟁을 통해서도 이 위업은 이루어지지 않았습니다. 오히려 이 소용돌이 속에서 군사력만 빛을 잃었습니다. 왜냐하면 이탈리아의 제도가 부실한 데다가 어느 누구도 새로운 제도를 고안하지 못했기 때문입니다.

따라서 새로운 군주에게 있어 새로운 법률을 제정하고 새 제도를 정비하는 것처럼 커다란 명예를 가져오는 일은 없습니다. 이러한 제도들은 견고하게 구축되고 위업을 성취하는 데 도움이 되며, 군주로 하여금 존경과 찬양을 받게 합니다. 그리고 이탈리아에는 형상으로 빚어낼 좋은 재료들이 결코 부족하지 않습니다.

이곳에서 각 개인은 탁월한 능력과 용맹을 가지고 있으나 지도자들은 이러한 기질을 가지고 있지 못합니다. 결투나 소수의 사람들이 싸울 때 이탈리아인들의 힘, 능력 및 재능이 얼마나 우수한가를 보십시오. 그러나 일단 군대라는 단위로 전쟁이 확대되면 그들의 모든 역량이 소멸됩니다. 이 모든 이유는 지도자의 유약함에서 비롯됩니다.

유능한 사람에게는 추종자가 없고, 각 개인은 우수하기 때문에 자신이 잘났다고 생각합니다. 이제까지 어느 누구도 다른 지도자들로 하여금 우월성을 인정하게 할 정도로 자신을 부각시키는 데 성공할 만한 충분한 능력이나 행운을 가지지 못했습니다.

그 결과 이것이 원인이 되어 과거 20년 간 많은 전투에서 오직 이탈리아 병사들로 구성된 군대는 언제나 부진을 면치 못했습니다. 타로의 전투를 위시해서 알렉산드리아, 카푸아, 제노아, 바일라, 볼로냐, 메스트리의 전투[84]들은 모두 이 점을 입증합니다.

따라서 민족해방을 위해 모든 것을 다 바쳤던 옛 위인들을 영광스러운 전하의 가문이 본받으려면 먼저 모든 군사행동의 진정한 기틀, 즉 자국민만으로 구성된 군대를 조직하는 것이 급선무입니다. 이들이야말로 가장 강하고, 가장 충실하고, 가장 우수한 군대이기 때문입니다. 그리고 개별적으로 용감한 병사들이 한데 뭉쳐 총명한 군주에 의해서 직접 지휘되고, 존중과 후대를 받고, 영광을 얻는 날에는 더욱 우수한 군대가 될 것입니다.

따라서 이탈리아인의 능력과 용기가 우리를 외적으로부터 보호하기 위해서는 전하 자신의 사람들로 구성된 군대를 양성하는 것이 필수적입니다.

스위스나 스페인의 보병대는 가공스러운 존재로 정평이 나 있습니다. 그러나 양군에는 각각 결함을 가지고 있기 때문에 제3의 보병대로 저항한다면 이들을 능히 대적할 수 있을 뿐만 아니라 격파할 수도 있습니다. 그 이유는 스페인 보병대는 기병부대에 약하며, 스위스군도 전장에서 그들만큼 집념을 갖고 싸우는 완강한 보병대는 두려워할 것이기 때문

---

84) 이 예는 모두 1495년에서 1513년에 걸쳐 외국군과 이탈리아군 사이에 있었던 전투를 말한다.

입니다.

그래서 이미 목격하고 경험이 확증한 바와 같이 스페인군은 프랑스 기병대에게 저항하지 못했고, 스위스군은 스페인 보병에게 꼼짝하지 못했습니다. 후자의 경우, 약점에 관한 직접적인 증거는 없지만 라벤나의 전투에서 그 증거가 나타났습니다. 그 전투에서 스페인 보병대는 스위스군과 같은 전투대형을 취한 독일군과 교전하게 되었습니다. 그런데 스페인 보병들은 기민성과 손에 쥔 작은 방패를 활용하여 독일군의 긴 창 밑으로 뚫고 들어가 심각한 타격을 입힐 수 있었습니다. 그때 독일 기병대가 단숨에 덤벼들지 않았더라면 독일군은 전멸을 면하지 못했을 것입니다.

양군 보병대의 결함을 각각 알고 있으면 기병대에도 저항할 수 있고, 보병대도 두려워할 필요가 없는 새로운 군대체제를 조직할 수 있습니다. 적절한 무기를 선택하고 전투대형을 바꿈으로써 이를 성취할 수 있을 것입니다. 이와 같은 조치들은 전혀 새로운 제도로서 새로운 군주에게 명성과 위엄을 가져다줄 것입니다.

그처럼 오랫동안 이탈리아가 고대해 온 구세주를 만나기 위해서 무슨 일이 있더라도 이 기회는 결코 놓칠 수 없습니다. 이 모든 것을 이루 말로 다 형언할 수조차 없습니다. 지금까지 이방인의 홍수에 밀려 그토록 고난을 겪어온 이탈리아는 방방곡곡에서 큰 경모의 정을 갖고 구세주를 맞아들일 것입니다.

복수의 갈망, 충성의 일념, 존경심, 경건함 및 기쁨의 눈물, 형언할 수 없이 큰 이 모든 것을 갖고 이분을 맞이할 것입니다. 이때 이분 앞에 닫힌 문이 어디에 있단 말입니까? 어떤 백성이 이분에게 충성을 거부하겠습니까? 어떤 시기심이 그를 질투하겠습니까? 어느 이탈리아인이 그를 따르는 것을 거절하겠습니까?

야만족의 폭정이 모든 사람들의 코를 찌릅니다. 이제 영광스러운 전하의 가문이 모든 정당한 임무를 수행하는 데에 따르는 용기와 희망을 가지고 이 숭고한 짐을 양어깨에 짊어져야 합니다. 그리하여 높이 들린 전하의 깃발 아래 조국은 다시 한번 영광에 빛나리니, 그대의 가호 밑에 이 페트라르카의 시구가 현실로 나타나 주기를 천지신명께 바랍니다.

용맹은 광포한 공격에 대항하여
무기를 들 것이다.
전쟁은 짧을 것이니

이탈리아의 가슴에

아직 그 옛날의 용맹이 살아 있거늘.[85]

---

85) 페트라르카의 유명한 칸쏘네의 일절. 마키아벨리는 페트라르카의 시를 애송했다고 한다. 아
마 내용면에서 가장 공감할 수 있었던 시로 논문의 대미를 장식한 것 같다.

『군주론』은 그 내용에 따라 다음과 같이 나눌 수 있다.

제1~11장 : 서론
제12~14장 : 군대와 군주의 관계
제15~25장 : 군주가 지켜야 할 일
제26장 : 결론

제1장 마키아벨리는 국가를 공화국과 군주국의 두 가지 종류로 나누고 있다. 군주론은 공화국을 제쳐 놓고 군주국만을 다룬다. 군주국도 권력을 잡는 방법을 기준으로 세습과 신

군주 등장의 두 가지로 나눈다. 신군주가 권력을 잡을 수 있는 수단은 무력, 행운 그리고 능력이라고 했다. 이 세 가지 요소는 이 작품의 주요 골자이다.

제2장 신생군주국의 문제를 논의한다.

제3장 세습군주국이 다른 나라의 영토를 합병하는 것을 다룬다.

제4장~제6장 새로운 주권의 획득은 도전하는 신군주의 힘으로만 실현될 수 있으며, 힘으로 얻으려고 할 때 시작은 어려우나 이미 얻은 것을 유지하는 것은 쉽다. 여기에서 힘은 신군주 개인의 힘과 타인의 힘이 뭉친 것이다. 신군주는 개인의 힘만을 믿는 것이 안전하며 사보나롤라가 말했듯이 무장한 자는 승리하고 무장하지 않은 자는 패한다.

제7장 간혹 타인의 힘과 행운으로 권력을 잡은 군주가 생긴다. 행운이기 때문에 권력을 장악하는 것은 쉽지만 그 군주는 나라를 다스리는 힘이 부족하다. 국민의 신뢰를 받지 못하므로 위대한 인물이 아니면 그 권력을 유지하는 것은 어렵

다. 여기서 보르자를 예로 든다면 행운과 타인의 힘으로 권력을 잡은 예외자임에도 불구하고 권력을 잘 유지해 나간 자로 마키아벨리는 크게 찬사를 보낸다.

제8장 주권 획득의 제3의 방법으로 극악무도한 길도 있으나 권장할 만한 일은 아니다. 역사적인 예를 들어 설명한다.

제9장 주권 장악의 마지막 방법에는 국민이 추대하는 형식이 있다. 국민은 이해관계에서 서로 대립되는 귀족과 일반 대중으로 구성되어 있다. 군주는 교활한 귀족을 경계한다. 그는 대중 속에 파고들어 그들의 인심을 사로잡아야 권력을 유지할 수 있다.

제10장 어느 형태의 국가에서나 군주는 군비에 정신을 가장 많이 쏟아야 한다. 군비가 충분해야만 외적과 내란을 막을 수 있다.

제11장 주권형태가 다른 군주는 로마 교황이다. 마키아벨리는 이 점을 깊이 취급하는 것을 피한다. 마키아벨리는 국가 통치에 산업, 경제, 문화는 그리 중요시하지 않고 분명히 정

치와 군비에 역점을 두었다.

제12장　국가의 토대는 좋은 법률과 훌륭한 무력이다. 군주는 이 점에 유의해야 한다. 군은 용병, 보조병, 혼합병 그리고 국민병이 있다. 먼저 용병이 백해무익함을 사례를 들어 강조한다.

제13장　외국 원군은 위험하다. 타국 군대의 힘으로 얻어진 승리는 참된 승리가 아니기 때문에 군주는 자기 군대를 가져야 하고 자기 군대를 완전히 장악해야 한다.

제14장　그러므로 군주는 모름지기 애국심에 불타는 국민병을 조직하고 강화하는 것에 전력을 쏟아야 한다.

제15장　군주에게 필요한 성품과 훈계가 설명된다. 군주의 능력은 국운과 직결되고 시대풍조에 맞춘 군주의 역할이 논의된다. 그는 일반론 및 이상론을 피해 사실에 입각한 구체적 실천 사항을 열거한다. 인간은 다른 사람이 자기를 악평하는 것보다 호평하기를 바란다. 그러나 군주는 국가를 위하여 자기 지위의 보존을 위해서는 결코 악평을 받는 것을 두려워해

서는 안 된다. 마키아벨리는 여기서 재래의 도덕·신학·철학·정치적 이념과 결별하고 정치를 현실 그 자체의 범위 속에 고정시키려고 한다.

제16장 군주는 국민에게 관후하고 보상을 주는 것이 좋다. 그러나 군주가 은혜를 베푸는 것은 신중해야 한다.

제17장 군주는 지나치게 자비를 베푸는 것보다 가혹하다는 평을 듣더라도 국가 전체의 기강을 강력히 잡아야 한다. 국민에게 사랑받는 것보다 두려움을 갖게 하는 것이 좋다. 인간은 이기적인 존재이기 때문에 긴급한 경우에는 자비가 아무런 도움이 되지 않는다.

제18장 군주는 신의에 집착하지 말아야 한다. 싸움은 도리에 맞는 정상적인 것과 폭력에 의한 비정상적인 것의 두 가지 방법이 있다. 인간은 정의를 앞세우는 정정당당한 존재가 아니라 야생의 짐승과 같은 일면이 있다. 그러므로 군주는 야수적인 면을 지니고 있어야 한다. 이 장에는 잘 알려진 여우와 사자의 우화가 이야기된다.

제19장 군주는 멸시당하거나 증오를 받지 않아야 한다. 항상 주인공으로서 권위와 존엄성을 지녀야 한다.

제20장 국가의 기본세력은 시민군이다. 군대는 무장을 항상 강화해야 한다. 이 제안은 국민병제가 없었던 그 시대에는 새로운 것이었으며, 마키아벨리가 근대 시민군대를 미리 예견했다고 생각된다.

제21장 명성을 얻고 유지하기 위하여 군주는 항상 큰 업적을 만들어 나가야 하고 자기편과 적을 분명히 밝힐 필요가 있다. 군주는 항상 유능한 인사를 대우하는 것을 잊어서는 안된다.

제22장~제23장 군주는 부하를 선택함에 있어서 신중해야 한다. 최종 결정은 군주 스스로가 명확히 해야 한다. 특히 그는 아부하는 무리를 조심해야 한다.

제24장~제25장 이 장에서는 이탈리아 군주들이 외침을 막지 못한 이유를 설명하고 있다. 신의 섭리나 운명이라고 단

넘하는 것을 반박한다. 인간은 흔히 어려움을 당하면 소극적으로 운명의 탓으로 돌린다. 그것을 패배주의라 비난한다. 마키아벨리는 인간의 힘이 미치지 못하는 곳이 있다는 것을 인정하지만 인간이 모든 일에 반 이상의 책임이 있다고 주장하여 인간을 역사의 주인공으로 내세운다. 인간의 의지, 노력, 결단은 운명의 여신 마음도 돌릴 수 있다고 주장한다.

제26장   이 글이 마키아벨리의 것인지 논란이 된 적은 있지만 그것은 아무런 근거 없는 논쟁이다. 그는 나라를 사랑하는 절실하고 진실된 마음과 지성, 고귀한 이념을 다시 한번 강조하며 이 글을 매듭짓는다.

마키아벨리 연보

1469년   5월 3일 법학자인 베르나르도 마키아벨리와 어머니 바르트로
메아 데 네리의 장남으로 출생.

1476년   마테오로부터 라틴어를 배우기 시작함.

1477년   성베네딕트 교회의 문법교사 베티스터 다 포피에게서 라틴어
문법을 배움.

1480년   사술 배우기 시작.

1481년   파올로 다 론실리온에게서 라틴어 작문 배움.

1496년   10월 11일 모친 사망.

1498년   피렌체의 최고통치기관인 시뇨리아의 '자유평화 10인 위원
회'의 부서기 관장이 됨.

1499년   루이 12세의 이탈리아 진격. 피렌체 외교사절로 파견. 북이탈
리아의 여왕 카테리나 스포르짜를 방문해 화해에 성공하여 인

정을 받음. 화해 당시의 물정을 살피고 "프랑스인은 정치를 모른다"라는 말을 남김. 11월 체사레 보르자가 등장하여 이탈리아 반도통일을 목표로 세력을 확장해 감에 체사레와 수교를 약속 받음.

1500년 피사 공격의 군사위원회를 따라 피사에 감. 『피사 전쟁론』 집필. 프랑스의 루이 12세와 피사 문제를 논의하기 위해 파리를 방문.

1501년 마리에타 코르시니와 결혼. 피스토이아의 당쟁이 악화되자 조정에 나섬.

1502년 『군주론』에 대한 의견확립.

1503년 프랑스 루이 12세에게 군비 원조를 청하는 대사임무 수행.

1504년 1494년 이래의 피렌체의 퇴폐와 현상을 『10년기』에 기록하여 사르비아티에게 시민군 조직을 건의함.

1505년 페르지아에 파견되어 발리오니와 회담.

1506년 1월 6일 군부비서에 임명됨. 피렌체는 프랑스와의 통상 문제로 사신으로 파견. 12월에 시민군 창설법안 초안으로 비준됨. 이때 『피렌체 시민군 무장론』을 씀.

1508년 『독일정세보고』를 집필.

1509년 부친 사망. 『독일 및 황제를 논함』 집필. 『10년기』 제2부를 쓰기 시작했으나 미완성으로 끝남.

1510년 시민군 업무에 전념. 7월에 프랑스 사절로 파견됨.

1511년 『독일정세』, 『프랑스정세』를 씀.

1512년 피렌체에 혁명이 일어나 소데리니 실각됨. 메디치 가의 전제시대로 복귀되어 줄리아노 집정. 이에 구정권에 봉직했다는 이유로 1년 간 억류됨. 그 후 공직에 복귀되었으나 반 메디치 혐의로 스틴케 감옥에 투옥됨.

1513년 교황 레오 10세의 즉위로 특별사면 출옥. 7월『군주론』집필해 12월에 탈고.『로마사론』,『리비우스론』집필.

1514년 『언어에 관한 대화』저술.

1515년 『정략론』집필.

1517년 『정략론』완성.

1518년 풍자적 문학작품『만드라골라』집필.

1519년 정책자에게 '피렌체 정부의 개혁을 논함'을 제시함.

1520년 피렌체 정부의 명을 받아 채권사절로 루카에 가서 정세를 조사. 그곳에 있는 동안『루카 실정개관』과『카스루치오 카스트라카니 다 루카의 생애』집필. 피렌체 정청으로부터 피렌체 편년사 편찬을 위촉받아『피렌체사』집필 시작.

1521년 『전술론』발표.

1525년 『피렌체사』전8권 완성.

1526년 성벽방위위원회장이 되어 방위문제에 전념.

1527년 6월 21일 58세로 사망.

Niccolo Machiavelli